お菓子の図書館

ビスケットとクッキーの歴史物語

Biscuits and Cookies:
A Global History

アナスタシア・エドワーズ 著
Anastasia Edwards

片桐恵理子 訳

原書房

目次

［……］は翻訳者による注記である。

序章◉主役でも主食でもなく

なんてこった、もうビスケットを食べられないのか？
——第２次世界大戦中、チャンドス卿が専属の菓子職人を手放すよう告げられた際の言葉

◉どこにでもあるビスケット

ニューヨーク市のグランド・セントラル駅から、遠く離れたヒマラヤの地まで、ビスケット——アメリカではクッキーと呼ばれる——はどこにでも存在する。

クッキーのチェーン店ミセス・フィールドのものすごく甘くてやわらかいチョコチップ入りのクッキーにしても、ネパールの登山者用ベースキャンプにある埃《ほこり》にまみれたマクビティのリッチ・ティー・ビスケットにしても、このささやかな食品は世界中の食文化において確

紅茶とビスケットを楽しむ裕福な英国家族。作者不明、1745年。

固たる地位を確立している。

朝食、昼食、夕食、間食。ビスケットはそれだけで食事にも軽食にもなるが、たいていは、気づくとつまんでいる現在の「おやつ」のような位置づけがされていることが多い。

ナイフはもちろん、フォークさえ使わないめずらしい食べ物であるビスケットやクッキーは、とても私的で、親しみさえわく。ラスク状になったビスケットは、多くの国で母乳から離れようとする赤ちゃんの最初の食事であり、完璧な離乳食である。

また、ビスケットは非常に格式の高い、王室のお茶会や晩餐会の主役になることもある。パリの老舗《しにせ》ラデュレの

裕福なヴェネツィアの女性、専属牧師、（おそらく）夫、犬の世話をする従者と一緒に。リングビスケットがエロティックなニュアンスを醸している。ピエトロ・ロンギ作、1746年。

フランスの銅製の聖体拝領用のパンを入れるボックス（ピクス）。1250年にリモージュで作製。エナメル加工技術が施されている。

ような、さまざまな色やフレーバーのマカロン（フレンチ・マカロン）を販売する店は、その見た目（と価格）で、高価なショコラティエ専門店と競合するまでになっている。

時と場所を選ばずいたるところにビスケットは存在し、その勢力は動物界にまでおよぶ。ドッグビスケット産業は数億ドルの規模を誇り、家庭でペットに特製ビスケットを焼く器具さえも売っている。

世界最古のビスケットの流れをくむ聖餐《せいさん》用の聖餅《せいへい》は、毎日曜日、そしてキリスト教徒にとって特別な日に、何世紀にもわたって信者たちによって消費されてきた。

◉言葉と名前

多くの文化において、身近な存在であるビスケットは言語とも結びつき、多くの慣用句にもなっている。

ニュージーランドでは、「ビスケット・クラス（biscuit class）で旅行する」といえば、お茶やビスケットしか出ない短いフライトのことを意味する。カナダでは「ビスケットを食べてしまった（have had the biscuit）」といえば「もう何の役にも立たない」という意味になる。

イギリスでは、「ビスケットを取る（take the biscuit）」とは、何かが非常におもしろいか、最低であることを意味する。小説家P・G・ウッドハウスの1925年3月の手紙を見ると「有害で、不快で、おぞましいところは数あれど、カンヌは不思議に落ちついた気分になってしまう街だから、ますますたちが悪い（Of all the poisonous, foul, ghastly places, Cannes takes the biscuit with absurd ease）」と書かれている。

そしてアメリカでは、万能薬としてのクッキーのイメージに反して「クッキーを投げる（toss one's cookies）」といえば嘔吐することで、また「クッキーが砕ける（the way the cookie crumbles）」とは「仕方ない、それが運命だ」といった意味になる。「クッキー」はインターネットの世界でも一般的な用語となり、英語を話さなくても世界中ほとんどの人が頻繁に接する言葉と言えるだろう。

ビスケットやクッキーにつけられた名前の多くにはおもしろい由来がある。たとえば、軽く醱酵させたビスケットにシナモンをまぶし、ブラウンシュガーをふりかけた長方形の大きな「グリーク・ブレッド」は、ベルギーのブリュッセルでは200年以上の人気を誇る商品となっている。この名前は、聖アウグスティヌス会の修道士たちが貧しい人々にパンを配っていたウルヴェングラヒトと呼ばれるブリュッセルの通りに由来する。

いつしかデ・グラヒトとして知られるようになったそのパンを、ベルギー人は「グレヒト」と発音したのだが、のちにその発音はフランス語の「グリーク（ギリシャ）」を意味する「グ

「グリーク・ブレッド」と呼ばれるビスケットは、19世紀はじめからブリュッセル（ベルギー）の名産品だ。

レック」に似ていることが判明する。長い時を経て、形態こそビスケットになったものの、相変わらず「ブレッド」と呼ばれていたこの菓子は、ベルギーがフランスに占領された際に、パン・ア・ラ・グレック、つまり「グリーク・ブレッド」と翻訳された。

ただしこのように言葉の変遷がきちんと説明されるものはめずらしく、多くの場合、食物学者はビスケットの語源を説明するのがせいぜいである。その例がアイスランドのクリスマス・クッキー、ゲイディンガカークルなどだ。

「ユダヤのケーキ」を意味するゲイディンガカークルは、アイスランドのクリスマスに供されるシュガー・クッキーの定番だ。アイスランドのベーカリー文化は海の向こうのデンマークから伝わったが、そのデンマークの地に小さなユダヤのコミュニティがあったことからその名前が付けられたのだろうと言われている。

◉主役でも主食でもなく

ビスケットが世界的に広まったのは、最近の出来事だと言ってもよい。

甘いビスケットやクッキーの歴史の大半は、たとえるならば「花嫁」というよりはむしろ「ブライドメイド」(花嫁の付き添い)のようなものだ。というのも、(のちに発明される)ケーキのような主役にも、パンのような主食かつ精神性の象徴にもなりはしなかったが、ビスケットはその両方の食品に関連してきたからだ。

ビスケットが世界的に広まったのは19世紀後半になってからのことである。それ以前は、「白いゴールド」と呼ばれるほど高価な砂糖を使用していた甘いビスケットは、裕福な者だけがたまに口にするごちそうだった。また、大半のビスケットやクッキー作りに欠かせないオーブンが家庭に普及するようになったのも19世紀に入ってからである。

●甘くないビスケット

一方で甘くないビスケットは、目立たないながらも、世界各地の文明で中心的役割を果たしてきた。150年ほど前の人々がビスケットを思い浮かべたら、おそらく現代の私たちとはまったく違うものを想像しただろう――シップス・ビスケット、いわゆる乾パンだ。

小麦粉と水を混ぜただけのものを焼いて乾燥させた乾パンは、数年は無理としても数か月は保存がきく。1784年の乾パンのかけらが、ロンドンのグリニッジにある国立海洋博物館のコレクションのなかに現存する。食べ尽くしたか腐ったかして食料が尽きた状況下では、乾パンは船乗りが生き残るための大切な食料だった。そして陸地でも、ローマ時代から

乾パン（イギリス、1875年）。世界最古の現存する乾パンのかけらは1784年のもの。

兵士の大事な食料だったという記述が数多く残されている。

乾パンは食べ物の基本形態である。カロリーを摂取するだけの味も素っ気もない食べ物だが、極限の状況では口にすれば生き延びる可能性が増す食べ物だった。

ビスケットはある時期、探検や戦争、帝国主義に関係していたことから、緊迫した状況、死の可能性、絶望といった悪いイメージを人々にもたらした。たとえばウィリアム・シェークスピアの『お気に召すまま』で、ある登場人物が、別の間抜けな登場人物の脳は「航海後に残ったビスケットみたいにカラカラだ」と言う場面がある。

また、120年ほどのちの1719年、英語で書かれた最初の小説とされる『ロビンソン・クルーソー』に登場する同名の主人公は「しばらく前からパンが少なくなっていることに気づいていたため、食事の量を1日につきビスケット1個に減らしたらずいぶん気が滅入ってしまった」と語っている。西洋文学において、おそらくクルーソーはもっとも自給自足に長けた人物だが、その彼のなかでも、サバイバルとビスケットは強烈に結びついていたのだ。

さらにビスケットは、実際に遭難した探検家ロバート・ファルコン・スコットにとっても重要なものであった。

運命を決する南極探検に出発する前、スコット大尉は英国ビスケットメーカー大手のハントレー・アンド・パーマーズ社に協力を仰ぎ、航海用の特別なビスケットを開発した。

『Have wan of your Wife's biscuit!』（アルビューメン・シルバープリント立体写真、アメリカ、1901年）

1911年1月、遠征も数か月が過ぎた頃、彼は同社にこう書き送っている。「この遠征のためにあなた方が開発してくれたさまざまな種類のビスケットに大変満足していることをお伝えできて、非常にうれしく思う[1]」

●ビスケットの特徴

スコットの話のなかで、ビスケット史の潮流はふたつの方向性へ向かっていく。生きるために食べるビスケットと、楽しむために食べるビスケットだ。

本書では主に後者に注目する。現代の私たちになじみ深いのは、甘くておいしいビスケットである。甘いビスケットを語る際に欠かせない要素として、昔の甘くないビスケットについても言及する予定だが、ビスケットのなかでも重要な地位を占めているクラッカーやチーズビスケットについては、本書とは別の専門書にその記述を任せたい。

　本書に記載されるビスケットやクッキーのほとんどは、以下の特徴を共有する。甘いこと。片手でつまめるサイズであること。基本的にサクサクとした食感をしていること（ただし一部のクッキーやマカロンは除く）。正式な食事ではなく、おやつやごほうびとして食べられていること。そして、それぞれの国でビスケットあるいはクッキー、または英語でそれに類する言葉で呼ばれているか、ウエハースのように料理書や小売店や市場で一般的にビスケットのくくりとして扱われていること。

　ビスケット最大の特徴である乾燥には、こんな逸話がある。

　１９９１年、イギリスの税務当局は、ケーキ全種とビスケットの付加価値税（ＶＡＴ）を免除することを決定したが、チョコレートでコーティングされたビスケットは「贅沢品」であるとして除外した。これを受けてマクビティ・ジャファケーキ――薄いスポンジとオレンジ風味のジャム重ねたものにチョコレートをコーティングした菓子――を製造するユナイテッド・ビスケット社は、ジャファケーキは贅沢なビスケットではなく、ケーキであることを証明しようとした。

　同社は巨大なジャファケーキを制作すると、時間の経過とともに硬くなっていくようすを示し、一方ビスケットは時間とともにやわらかくなるので、ジャファケーキはビスケットで

イギリスで人気のジャファケーキ。ビスケットの定義をめぐって裁判になった。

はなくケーキであると主張した。ユナイテッド・ビスケット社は勝訴した。といっても、この一件で「ジャファケーキ」の消費に変化があったわけではなく、あらゆる点でいまでもビスケット風のままである。誕生日の蠟燭をさすには小さいうえにやわらかすぎるそれは、長期保存が可能なため、スーパーマーケットのビスケットの棚に半永久的に鎮座している。

◉無数にあるビスケット

『オックスフォード食の事典 *The Oxford Companion to Food*』によると「家庭で作るものから工場で生産されるものまで、世界のビスケットの種類は無数にあり、すべてを分類した者は誰もいない」[2]そうで、たしかに有名なビスケットを書き連ねるだけで本書の紙幅は尽きてしまうだろう。したがって本書では、カギとなるいくつかのビスケットを通じてビスケット史の発展の過程を見ていこうと思う。世界各国のビスケットをめぐる、巻末の付録がきっと役に立つだろう。

ビスケットは国境を越え、とくにウエハースやマカロンは、いくつかの国の料理の歴史ではきわめて大きな地位を占めている。本書で各国の例を逐一説明することはないが（それだけで1章分になるかもしれない）、ひとつの国の例を見ればおおよその流れはわかるはずだ。

ジョン・アーネスト・ミラーがデザインし、ダンカン&ミラー・ガラス・カンパニーが製造を手掛けたアメリカのビスケット・ジャー（ペンシルベニア州ピッツバーグ、1878～1890年）。

本書で紹介するビスケットやクッキーの多くがヨーロッパやアメリカで誕生したように思えるとしたら、それは甘いビスケットやクッキーの大半が白小麦［小麦は外皮の色で「白小麦」「赤小麦」の2種類に大別できる］から作られているからで、南アジアや東アジアの米文化とは違う、パン文化が発展したものだからである。

大半の食物史や社会史と同じく、ビスケットとクッキーの歴史も世界史的事件とは無縁なところで動いてきた。近世の開始時期をめぐるビスケット大戦争もなければ、戦いの終わりを意味するクッキー条約の締結もなかったが、本書は従来の歴史に沿って進めていく。

なお、「クッキー」が特定の意味を持たない限り、本書では「ビスケット」という単語を使用する。「クッキー」は18世紀になってはじめてアメリカ英語に入ってきた単語であり、一般的に普及したのは20世紀に入ってからである。

19世紀後半頃から独自のビスケット缶がデザインされるようになり、その多くが蒐集品として人気を集めた。写真は1920年代のアバネシー・ビスケットの缶。

第1章◉生存と祭礼——紀元前5世紀～1485年

彼はサヨナキドリのような美しい声で歌い、彼女にハチミツ酒、甘くてスパイスの利いた葡萄酒、熱々のウエハースを送った。

——ジェフェリー・チョーサー著『カンタベリー物語　粉屋の話』より

新石器時代の人々は、技術的にビスケットを作る能力——穀物、小麦、水、火——を持ち合わせていたが、ほかに優先すべきことが多かった。だが、ヨーロッパで見つかった新石器時代の遺跡からは何かを焼いた形跡が発見されており、それは最初のパンやパンケーキだったかもしれないし、ベイクド・ポリッジ［オートミールをオーブンで焼いたもの］のような料理だった可能性もある。

古代エジプトでも、考古学者が「ビスケット」や「ケーキ」などと口々に呼ぶ化石が墓所から見つかっているが、これがビスケットの正式な祖先なのかどうかは定かではない。古代ギリシャとローマでは、塩味のきいたビスケットが大事な食品として発展を遂げ、のちに登場する甘いビスケットやクッキーのための技術的基盤を築いていく。

◉古代を生き抜く

現在もギリシャを代表する食品であるパキシマディアは、大麦粉でできた大きなパンをスライスし、それを再度水分が飛んでカリカリになるまで焼いたラスクのことで、数か月の保存がきく。この作り方はパニス・ビスコティス、つまり「2度焼いたパン」として知られ、英語の「ビスケット」、フランス語の「ビスキュイ」、イタリア語の「ビスコット」などは、この言葉から派生した。

二度焼きの製法は現代にも引き継がれ、イタリアのビスコッティ（食後、デザートの代わりに甘いワインと緒に出てくるアーモンドビスケット）など、人気のビスケットやクッキー作りに用いられている。

パキシマディアという名前は、古代ギリシャの料理評論家パカサマスを称えて名づけられたと言われており、船乗りに限らず多くの人がパキシマディアを食していた。[1] パキシマディアは、当時主要な穀物だった大麦の画期的な使い道だった。船上ではそのまま、あるいは水

パキシマディアは古代ギリシャ時代から脈々と受け継がれている。

に浸して食べられ、陸上では炭水化物を効率よく摂取できるよう、たとえばスープに浸すなどして他の食物と一緒に食べられていたと考えられる。

今日でも、ギリシャ各地でパキシマディアを見ることができる。というのも、さまざまな形態でいくつものメーカーから販売されており、スーパーマーケットやベーカリーの棚を占拠しているからだ。いまでは大麦だけで作られているものは少なく、ほとんどの製品が小麦粉、または大麦と小麦粉を混ぜたもので作られている。

知恵と料理法を広く世界に知らしめた古代ギリシャのおかげで、パキシマディアの子孫は現在もヨーロッパ各地で見受けられる。かつてマグナ・グラエキア（大ギリシャ）と呼ばれたイタリアのプーリアでは、ブリセッダ、もしくはフリセッラと呼ばれる二度焼きビスケットが今でも（たいていはきざんだトマトなどを添えて）食べられている。古代ギリシャは、便利かつ効率的で、栄養価の高い食事の礎を築いたのである。

◉ローマ帝国

ローマ帝国には独自の二度焼きパンがあった。ブチェラトゥムと呼ばれる輪っかの形をしたビスケットで、現在でもイタリア各地で見られるものだ。パキシマディアが船旅の必需品

カントゥチーニとヴィン・サント（ワイン）の組み合わせは、トスカーナ地方や海外のイタリアンレストランで人気のデザートメニューである。

アメリカ南北戦争中（1861～1865年）、乾パンの積荷の上に座る連合国軍のキャプテン（1880年代の立体写真）。南北戦争の兵士は「ハードタック（乾パン）」と通称されていた。

ならば、ブチェラトゥムは陸路遠征の必需品であり、軍と密接に結びついていた。

6世紀のギリシャの学者プロコピウスが著したユスティニアヌス1世に関する暴露本『秘密の歴史 *The Secret History*』には、外套のポケットにビスケットだけを入れ、徒歩でビザンチウムにたどり着いたユスティニアヌス1世とふたりの兵士の話が記されている。

4世紀になる頃には、ブチェラトゥムはローマ兵士の生活になくてはならないものとなったことから、彼ら自身が「ブチェラッリ」と呼ばれるようになり、ブチェレリウス（ビスケットを食べる人）と通称される軍事部門まで出現した。[2] ビスケットにちなんだこうした兵士の呼び名は、世界中の軍隊で見られる。たとえばアメリカ南北戦争では、兵士は「ハードタック（乾パン）」と呼ばれていた。

最初の甘いビスケット（あるいはクッキー）は何かと問われたら、アピキウスの『古代ローマの調理ノート』［千石玲子訳／小学館］にあたってみるべきかもしれない。これはラテン語で書かれたレシピ集で、長年にわたって改訂され、中世になっても出版されていた。「ごちそう」の項目では、「子種のない子宮」やその他の内臓を使った数多くの料理とともに、8つほどのデザートのレシピも紹介されている。以下がそのひとつだ。

どろっとしたオートミールを作る要領で荒く挽いた小麦粉を湯に溶き、皿に広げる。熱が取れたらキャンディのようにカットし、良質な油で揚げる。ハチミツをかけてコショウを軽くふったら出来上がり。水の代わりに牛乳を使うとさらにおいしさが増す。[3]

現代の甘いビスケットやクッキーの作り方とは大きく異なるものの――どちらといえばフリッターに似ている――食感や甘み、良識的なセンスが合わさったこのレシピは、現代に通じるものがある。ハチミツは原材料ではなく調味料として加えられているが、このレシピは砂糖が普及する何世紀も前から、甘みへの特別な愛情を予感させている。

◉ウエハース

古代のビスケットが実利のために食べられていたとすれば、中世ではよろこびや祝いごとを表現するものとして食べられるようになった。そんな中世を代表する、そしておそらくどの時代においても重要だったビスケットは、ウエハースである。

当初は甘くなかったウエハースだが、ビスケットを食べるという今にいたる習慣を広めた立役者のひとりである。ウエハースはビスケットのなかでもとりわけ変幻自在な存在であり、アイスクリームのコーンや、メープルシロップと一緒にアメリカの朝食に出てくるワッフル、ヨーロッパ全土に点在する軽食の祖先である。

中世初期から現在まで、ウエハースはあらゆる社会で消費され、その用途は世俗の祝いごとから神聖な聖餐式まで多岐にわたった。ウエハースの通俗性は語源にも表れており、表面に蜂の巣のような模様がきざまれていたことから、ドイツ語の動詞 weben（織る）がもとになったと言われている。これが wafel、wafele、waffle となり、中期オランダ語ではウエハースと呼ばれるようになった。中世のフランスではウエハースはゴーフルと呼ばれるようになる。[4]

ウエハースの起源は、ユダヤ教の宗教的記念日、過越《すぎこし》の祭りで1000年にわたって食

この十字架にかけられたキリストのリトグラフ（19世紀、ドイツ）は1枚ずつ切り取ってウエハースに貼れるようになっており、一緒に飲みこむと病気に効くとされた。

されてきた種なしパンだ。この初期のユダヤ教の習慣から、中世ヨーロッパの聖職者が特別な器具を用いて聖餐用の聖餅を用意するという慣習が生まれたが、これは異国の地へ向かう宣教師にとってとくに都合がよいものだった。

1270年、パリでウブレイユール（菓子屋）のギルドが設立された。フランスの聖職者たちが、復活祭の前日の洗足《せんそく》木曜日に貧しい者に配るウエハースを自分たちが作れる数以上を必要としたため、ウブレイユールたち（oblayeurs ラテン語の「捧げもの」を意味する oblatum が変形した oublie が由来）がその生産を許可されたのだ。

彼らはほどなく聖餐用ではないウエハースの製造も開始し、温かくてやわらかいうちに回転させればウエハース元来のもろさを克服できることを発見した。これがウーブリ（oublies：中世フランスで人気を博した菓子）として知られるようになり、このギルドの設立は現代のビスケット製造工場の先駆けとなった。

中世のヨーロッパの裕福な家にはウエハースを作る専用の器具がたいていあり、ヒッポクラス（甘いワイン）で酔ったときにも、聖体への敬意を捧げる際にも、ウエハースは晩餐をしめくくるものとされていた。これらのウエハースにどの程度甘み――大半はハチミツだろう――が加えられていたかは不明だが、一緒に出されたワインにしても、他の菓子にしても、甘みと無縁ではなかったはずだ。

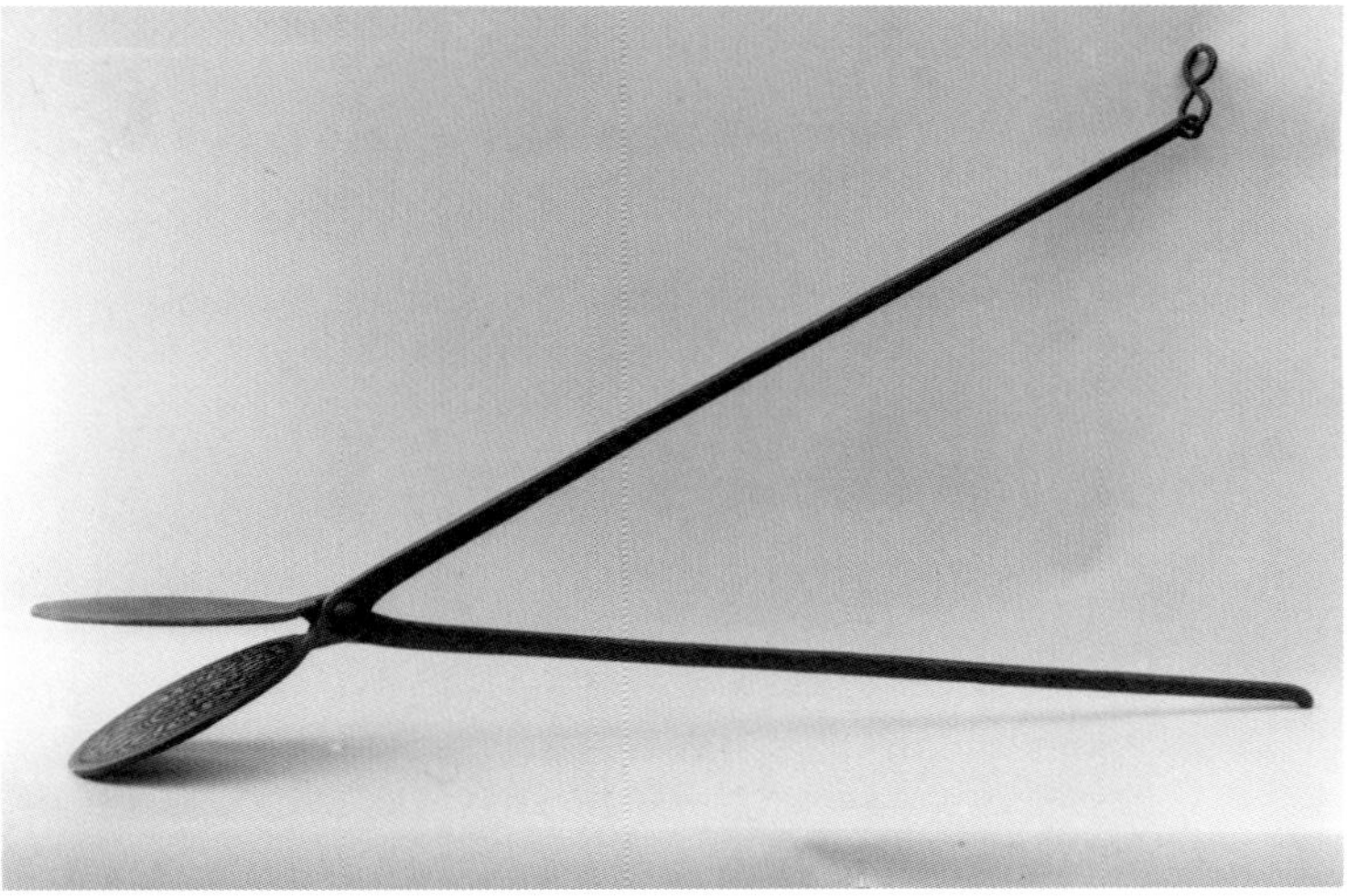

ウエハース作りに使用された鋳鉄製の器具（イタリア、ウンブリア州、1481年）

13世紀後半のイギリスでは、詩人のウォルター・オブ・ビッブスワースが子供にフランス語を教えるためにアングロ＝ノルマン語で書いた『教本 *The Treatise*』のなかに、イギリス料理の最初のフルコースと思われるメニューが記載されている。

テーブルが運び出されたら
大きなドラジェと甘い香辛料
メース、クベバ〔……〕
十分なスパイスと
たっぷりのウエハース[5]

この1世紀後に書かれたパリの文献には、都市部のブルジョワ階級の生活に必要不可欠な食品としてウエハースが何度か登場するが、おそらく、甘いしょっぱいいずれのタイプとしても、買い物リストのひとつとして活字になった最初のビスケットだろう。

『パリの家政書 *Meénagier de Paris*』（１３９３年頃）は、夫が年の離れた若い妻のためにさまざまな家事のやり方を記した本だが、そこには行事ごとのメニューも記されている。たとえば結婚式の食事（40名分）では、こう推奨されている。「まずはウエハースメーカー、それから花嫁のために以下を注文すること。チーズ・ゴーフル……1ダース半、大乱闘……1ダース半、ドア……1ダース半、鉄の棒……1ダース半、シュガード・ガレット……100個[6]」

これを見ると、チョーサーの『カンタベリー物語　粉屋の話』に登場する、哀れな失恋男アブソロンが店先を訪れ、「熱々のウエハース」を愛するアリソンのために購入するさまが容易に浮かぶだろう。

◉ハチミツとスパイス――ヨーロッパのドイツ語圏

ヨーロッパのドイツ語圏のビスケット作りは、驚くほど変わっていない。理由のひとつは、ビスケット作りにおける専門用語が変わっていないことだ。ドイツのビスケットは中世に誕生したが、何世紀ものあいだ、その形やスパイスの種類で、他のヨーロッパのビスケットを上まわってきた。

ループクーヘン――香辛料とハチミツをきかせたビスケット（ケーキも含む）の総称――は、とりわけ重要で長い歴史を持つ。最初は修道院で作られており、修道院には中世の主な甘味料であるハチミツと防腐剤が大量に保存されていた。ループクーヘン作りはやがて、専

ドイツのアーヘンにあるモダンなレープクーヘンの屋台

門のギルド（ドイツとオーストリアのループクーヘン職人）にも広まっていった。なかでも有名なギルドは、バイエルン州のハチミツ生産とスパイス取引の中心であるニュルンベルクにあった。[7] ループクーヘンについて書かれた最古の史料は１３２０年のものだが、レシピが記述されたのは16世紀以降である。

もともと中央ヨーロッパに住む異教徒の豊作を願う儀式で中心的役割を果たしていたパンは、いつしかキリスト教の聖餐式でも重要な役割を果たすようになり、やがてドイツのパン屋はキリスト教のカレンダーに合わせた行事ごとに、異なる形態のパン作りの技術を発展させていく。それに伴い発展したビスケット生地は、パン生地よりも成形が簡単だったことから、職人たちのデコレーション技術を飛躍的に発達させた。

ループクーヘンの装飾には凹凸をつけた型を用いることが多く、伝承や宗教をモチーフにした図柄が多数存在した。その図柄の豊富さは、街一番の彫刻師に40もの石の型を依頼した16世紀初頭のフランクフルト市長、クラウス・スターバーグのコレクションに見ることができる。[8] このコレクションには「ヨルダン川でヨハネから洗礼を受けるキリスト」、「ヨセフとともに天使に囲まれながら瞑想するマリア」、また「釣竿を垂らし、ウナギ筒を引き上げる3人の裸婦」といった、神聖なものから世俗的なモチーフまで含まれる。

こうした過去の遺物から中世ビスケット史に関する具体的な知見が得られるのはめずらし

レッカリーは祝祭を祝うために中世から作られてきた。スイスのバーゼルの名産。

いが、食を研究する歴史家は、近年のビスケット史を研究するにあたって、もっと遠い過去に思いをはせるべきだろう。

スイスのレッカリーは、そうした歴史を思い出させてくれる。レッカリーとは高地ドイツ語で「おいしい」という意味で、現在でもスイスの各種記念日にはさまざまな種類のレッカリーが作られる。とくに有名なのが、ハチミツと香辛料が入ったバーゼル市のレッカリーだ。バグパイプやドラムが鳴り響く謝肉祭の前夜を祝うため、ドラム形のスズ型を使ってレッカリーを今も作る店が一軒だけ残っている。

レッカリーは、現代のように余暇やメディアが発達しておらず、典礼の行事が主な楽しみだった時代に私たちを引き戻してくれる。口いっぱいの甘くてスパイシーなビスケットを頬張れば、当時の人々がいかにこうした行事を祝っていたかが目に浮かんでくるようだ。

◉記念とお祝い

英国ウェールズ地方の最古のビスケットのひとつ、アバフロー(略して「バフロー」)ケーキは、中世の巡礼とは切っても切れない関係にある。ホタテ貝のような形が特徴的なこのショートブレッドは、アングルシー島にあるアバフローという村で何世紀にもわたって作られてきた。

地元の言い伝えでは、このビスケットの誕生は13世紀初頭、ウェールズの皇太子スラウェリン王子の妻が近くの海岸で美しいホタテ貝の殻を見つけたことに端を発するという。また、アバフロー・ビスケットはジェームズ・ケーキ、ウェールズ語でイアーゴ・ケーキ(「イアーゴ」はケルト語でジェームズを意味する)とも呼ばれていることから、このビスケットの形は聖ジェームズ(イエスの使徒のひとりヤコブ)の象徴であるホタテ貝にちなんでいるという説もある。

スペインのサンティアゴ・デ・コンポステーラへの巡礼者は昔からホタテ貝の帽子をかぶることになっている。今もケルト文化が色濃く残るスペインだが、中世ではウェールズ人との往来が盛んだったという資料も数多く残されている。

中世では長い旅をする人は限られている。だから縁日や屋台は、祝祭日を十分に楽しむための人気の娯楽だった。イギリスのコーンウォール地方をはじめとする、ヨーロッパ各地のフェアリングには長い伝統がある。「フェアリング」とは、旅先で見つけた特別な食べ物などを家に買って帰る、いわゆる「お土産《みやげ》」のことである。ビスケットは、昔もいまもその手頃なサイズから贈り物に最適だ。

クリスマスが近づくと――寒い季節だ――多くの屋台がどこからかやってくる。そして、

現代風に生まれ変わった中世ヨーロッパの菓子、ジンジャーナッツ（ジンジャースナップ）

人々はドイツのポーメルランツェンヌッサやポーメルランツェンブロッチェン（いずれもオレンジ・ナッツのビスケット）を食べることで、北ヨーロッパの暗く厳しい冬の最中にセビリアオレンジの最盛期のすばらしさを回想したものだった——太陽の苦い記憶をわずかでも爽やかにするために。こうしたオレンジ・ナッツのビスケットは、以前はセビリアオレンジの皮をすりおろして、あるいは砂糖漬けにしたものを使用して作られていたが、現在では市販のキャンディピールを使用している。

イタリアでは昔から「万霊節《ばんれいせつ》」という秋の祝賀が盛大に祝われ、地域によっては、大切な人を忘れないよう、そら豆の形をした小さなビスケット、ファーヴェ・デイ・モルティ（死者の豆）がふるまわれてきた。歴史家によると、「死者の豆」の伝統は古代ローマに由来し、中世ヨーロッパのビスケット文化の特色のひとつだという。

またイタリア北東部では、堅信礼《けんしんれい》の際に、ブッソライと呼ばれる焼き菓子を祖父が孫に与える伝統がある。リボンを結んだリング型のブッソライは、お祝いの気持ちを目に見える形にしたものだ。原材料はバター、卵、砂糖、そして昔から気付け薬として使われてきた「ロソリオ」と呼ばれるイタリアのリキュール。昔も今も、ワインに浸して食べることがある。

ブッソライは、堅信礼の日にイタリア北部の子供たちに配られる。

◉中東

ウエハースのギルドやループクーヘンがフランスやドイツで生まれつつあった頃、4000キロほど離れたバグダッド——アラブ文明黄金期の中心を担った都では、豊かな甘い焼き菓子文化がすでに頂点に達していた。それは中東のあらゆる市場で、または中東のディアスポラ（離散民族）が営む料理店やパン屋で目にすることのできる遺産だ。たとえば、細い糸のように垂らしたハチミツと砕いたピスタチオをまぶして作るバラクヴァが山と積まれた銀のトレイはどの店にも置かれていた。

中東の焼き菓子はペストリーと砂糖菓子が中心だったが、それでもビスケットは中世の書物において確固たる地位を築いていた。バグダッドの文筆家、アル＝バグダーディが著したとされる13世紀の料理本『キターブ・アル＝タビーク（料理の書）*Kitāb al-Tabīkh*』のなかに、クシュカナナジ（中に詰め物をしたビスケットのようなもの）のレシピが記されている。

目の細かい小麦粉〔1ポンドにつき〕3オンスのごま油を加え、〔少しの水で〕よくこねる。生地が醗酵したら長いケーキ状に切りわけ、香辛料をきかせたバラ水で練ったアーモンドと砂糖をそれぞれの生地の真ん中にたっぷり入れる。あとは通常どおりにまとめ

(gather)、石窯で焼き上げれば出来上がり。[9]

このレシピは複数の書物で取り上げられている。「まとめる（gather）」という言葉は、ドイツの場合と同じく、型の使用を示唆している。「クシュカナナジ（khushkanānaj）」は3世紀から7世紀にかけてのペルシャ語に由来し、「hushk」は「乾燥」、「nān」はパンを意味しており、乾パンで見られたパンとビスケットの関係を彷彿とさせる。このレシピでは、ビスケットに成形されてから生地が調理されるが、これは初期の乾パンやパキシマディアから進化したのかもしれない。

ウエハースやループクーヘンのように、クシュカナナジも人気の焼き菓子として現在まで残っているが、その子孫のひとつに、イラクの国民的クッキーと称されるクレイチャと呼ばれるものがあり、ナッツと砂糖の入った半月型のビスケット、クレイチャ・ジョズや、ナツメヤシの入った型抜きのクレイチャ・タムルなどの形態で供されている。

ある料理本の執筆者によると、クシュカナナジは、メソポタミアのクローポ（qullupu）ビスケットにその起源を持ち、クレイチャという名前は「乾燥重量」という用語から来ているらしい。

ビスケット史に関する中世アラビア世界の遺産のうち、おそらくもっとも重要なものは、『料

キリスト教、イスラム教いずれの祝祭でも人気の中東のビスケット、マアモール。

理の書『*Kitāb al-Tabīkh*』のクシュカナナジやその他のペストリーのレシピに当然のように登場している砂糖だろう。20世紀になるまでほとんど知られていなかった砂糖をヨーロッパ大陸にもたらしたのはアラブ諸国である。その使用量は徐々に増え、やがてビスケットやクッキーを世界的な食べ物へと押し上げていく。

第2章◉甘さと軽さ――1485～1800年

一般的にビスケットは季節に関係なく作られ、一年中楽しませてくれる。
――フランワ・マシアロ（1660～1733年）

砂糖の歴史を見ずして、近世（15世紀後半～19世紀初頭）のビスケットの台頭を理解するのは不可能だろう。中世後期、ヨーロッパの王族にとってさえ砂糖は贅沢なものだったが、19世紀初頭にはヨーロッパ社会における必需品になっていた。砂糖の価格が下がって手に入りやすくなったことで、当然ながらビスケットやクッキーの需要は増していく。

ビスケットやクッキーのもうひとつの重要な材料といえば、卵である。17世紀になると、卵が――とくによくかき混ぜた卵が――料理をふんわり仕上げることを料理人たちは発見した。この知識はいくつかの人気料理本を通じて世間に広まったが、当時の著名人だった著者たちは、自らを王族や貴族と（当時急成長中だった）中流階級の橋渡し役だとみなしていた。

彼らはいわゆる特権階級の食べ物を民衆へ伝えるパイプ役となり、ビスケットもこのパイプを通じて変わっていく。

ウエハースは相変わらず人気を博していたが、オーブンなどの新しい製法や原材料を必要とするビスケットは、裕福な家庭で供される料理の新たなレパートリーの仲間入りをした。その甘さと軽さは人々に新しいアイデンティティと可能性を与え、船旅の必需品である乾パンは別として、甘いビスケットは18世紀末には独自のカテゴリーを確立し、「必要性」ではなく「楽しみ」を伴う食品となったのだった。

◉砂糖とその形

ヴェネツィア経由でヨーロッパに入ってきた10世紀当初、まだめずらしく、非常に高価だった砂糖ははじめ、香辛料兼薬と考えられていた。やがて中世に調味料として使われるようになり、また上流社会から一般社会へと広まっていった。砂糖は16世紀には独自の役割を見出し、科学と芸術が合体した、いわゆる「菓子」へと移行していく。

初期の菓子のひとつに「サトゥルティ」(「繊細」の意)と呼ばれるものがある。「オイルと砂糖をベースに、砕いたナッツと植物ガムでプラスチックや粘土のような物質」にしたこの

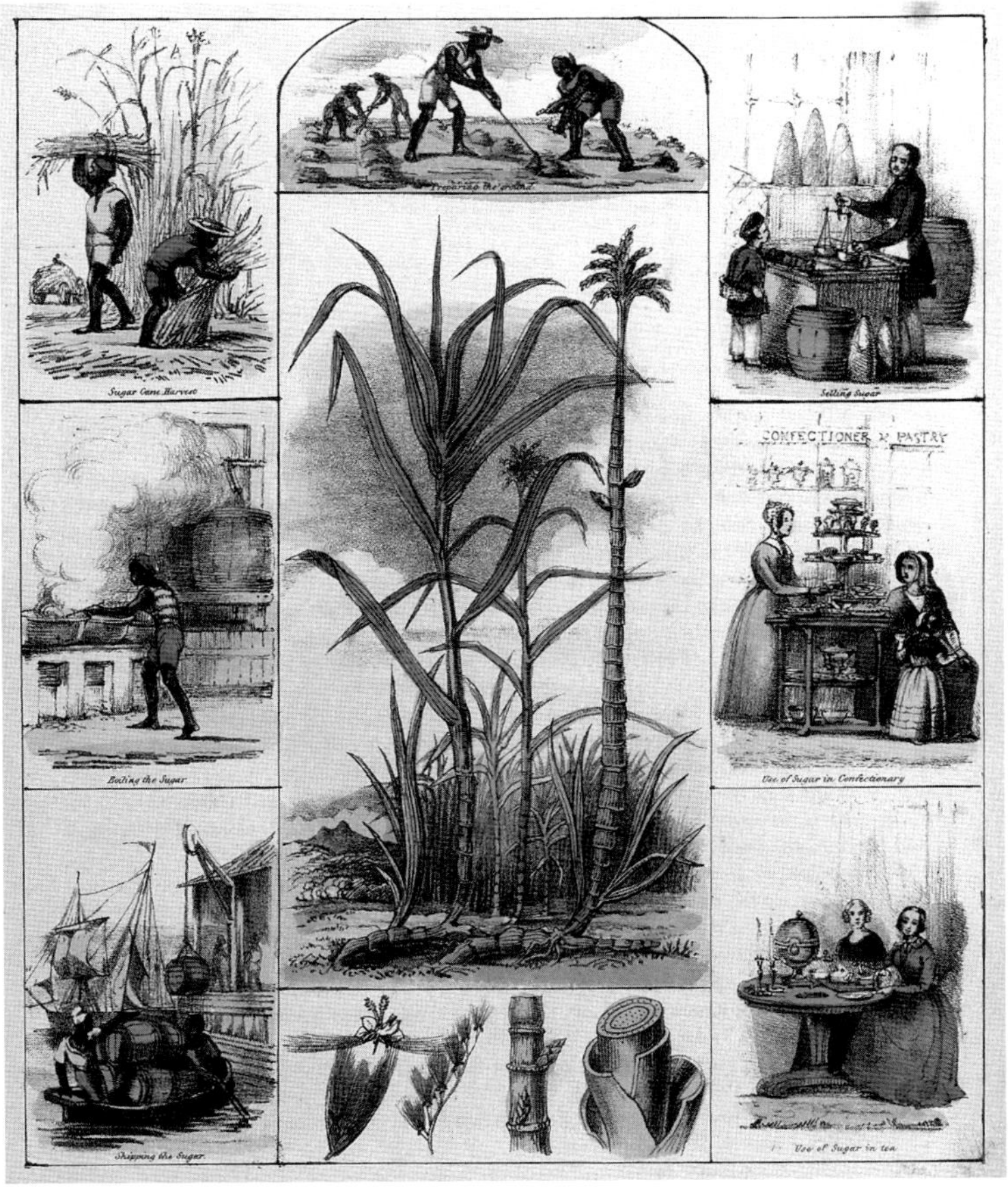

『サトウキビ、その花と茎、日常で使われる6つの場面を描いたイラスト *A sugar cane plant (Saccharum officinarum), its flower and sections of stem, bordered by six scenes illustrating its use by man*』（カラーリトグラフ、1840年頃）。ビスケットとクッキーの歴史は世界の砂糖生産の歴史と密接につながっている。

菓子は、さまざまな形に成形することが可能で、固めても焼いてもよし、味だけでなく見た目も楽しむことができた。[1] 初期の甘いビスケットは菓子の分派のひとつだが、その性質からサトゥルティの子孫だとみなすことができるだろう。

ジャンブルは砂糖菓子からビスケットに変化を遂げた菓子の実例だ。その歴史は、ビスケット生地の特徴である可塑性《かそせい》を反映しており、名前こそ変わらないものの、原材料や作り方は時間とともに、あるいは料理ライターごとに変わっていった。

ジャンブルの人気はほどなく低迷するが、そのレシピは19世紀になっても料理本に掲載されていた。レシピによっては卵を使ったり使わなかったり、ナッツを使用したりしており、さまざまな風味もさることながら、ジャンブルの一番の特徴は、結んだり、リングにしたり、ロールにしたりと、いろいろな形に成形できることだろう。ジャンブルはイギリス、フランス、オランダの各地で作られ、オランダのジャンブルにいたっては、さまざまな食品とともに静物画にも描かれている。

◉卵

17世紀中盤、ルイ14世の治世の初期に出版された有名な2冊の料理本によると、ビスケッ

著名なオランダ人女性画家クララ・ピーターズ作。『ごちそう、ローズマリー、ワイン、宝石、燃えている蠟燭のある静物画 *Still-life with Dainties, Rosemary, Wine, Jewels and a Burning Candle*』（油彩、パネル、1607年）。

トは独自のカテゴリーを与えられ、中世後期の菓子とは一線を画していた。ルイ14世の従者で、ガーデニングと料理について書いた作家、ニコラス・ドゥ・ボンヌフォンは、肉を含むあらゆる食べ物のなかで、パンこそが究極の食べ物であると公言している。自身の著書『田舎の楽しみ *Les délices de la campagne*』（1654年）のなかでは、実に20ページを費やしてパンの焼き方を詳述した。

そしてパンのレシピにつづいて紹介されているのが、ウエハース、そしてビスケットである。つまりそれらは情熱的な序曲直後の特等席を与えられたということになる。ここから読み取れるのは、この当時すでに、ビスケットは美食の国で認められていたということだ。美味なるフランス料理の特徴にたがわず、ボンヌフォンのビスケットのレシピもきわめて詳細に記されており、たとえば初期のスポンジ・ビスケットのレシピは以下のとおりだ。

ビスケット・デュ・ロイ

砂糖1ポンド、最高級の小麦粉3／4ポンド、卵8個。白鑞《しろめ》［錫《すず》と鉛の合金］製のボウルに材料を入れて、生地が白くなめらかになるまで木のヘラでよく泡立てる。砕いたウイキョウの種を少々加え、もうしばらくかき混ぜる。その後、生地がくっつかないようバターを塗ったパイ皿に生地を流し込み、粉砂糖をまとわせたら弱火にかける。もう少し繊細に仕上げたければ卵を10個に増やし、そのうち4つは黄身だけを使うとよい。こうして少し硬さが加わった生地を（ランス地方の分厚いジンジャーブレッドのように）高さ3インチのかたまりにして焼き上げ、粗熱《あらねつ》が取れたら薄く切って食卓へ。これは40年前、サヴォイ・ビスケットが考案される前のスタイルで、「ペストリー職人のローフ（pain des Pâtissiers）」［ローフとは「かたまり」の意味。切っていないひとかたまりのパンを指すことが多い］と呼ばれるものである。[2]

ジャンブルのルーツが中世の菓子にあるのなら、ボンヌフォンのビスケット・デュ・ロイは現代の焼き菓子の前触れであった。ポイントは卵の使用量だ。卵は生地を膨らませ、軽さを与えるために使用されている。軽さを出すには時間がかかり、当時の料理本の多くは、少なくとも30分は卵をかき混ぜるよう指示している。ボンヌフォンの泡立て指示も同様だ。ヨーロッパの裕福な家庭には、このような仕事をこなしてくれる使用人がいたと考えられる。今日、この作業を請け負うのはおそらく最新のミキサーだが、それでも卵を泡立てるには時間がかかる。束の間のよろこびを提供する小さなビスケットを作るには、多大な労力が求められたのだ。

このレシピは、ビスケット作りに必要な知識や道具が変遷していくようすも教えてくれる。

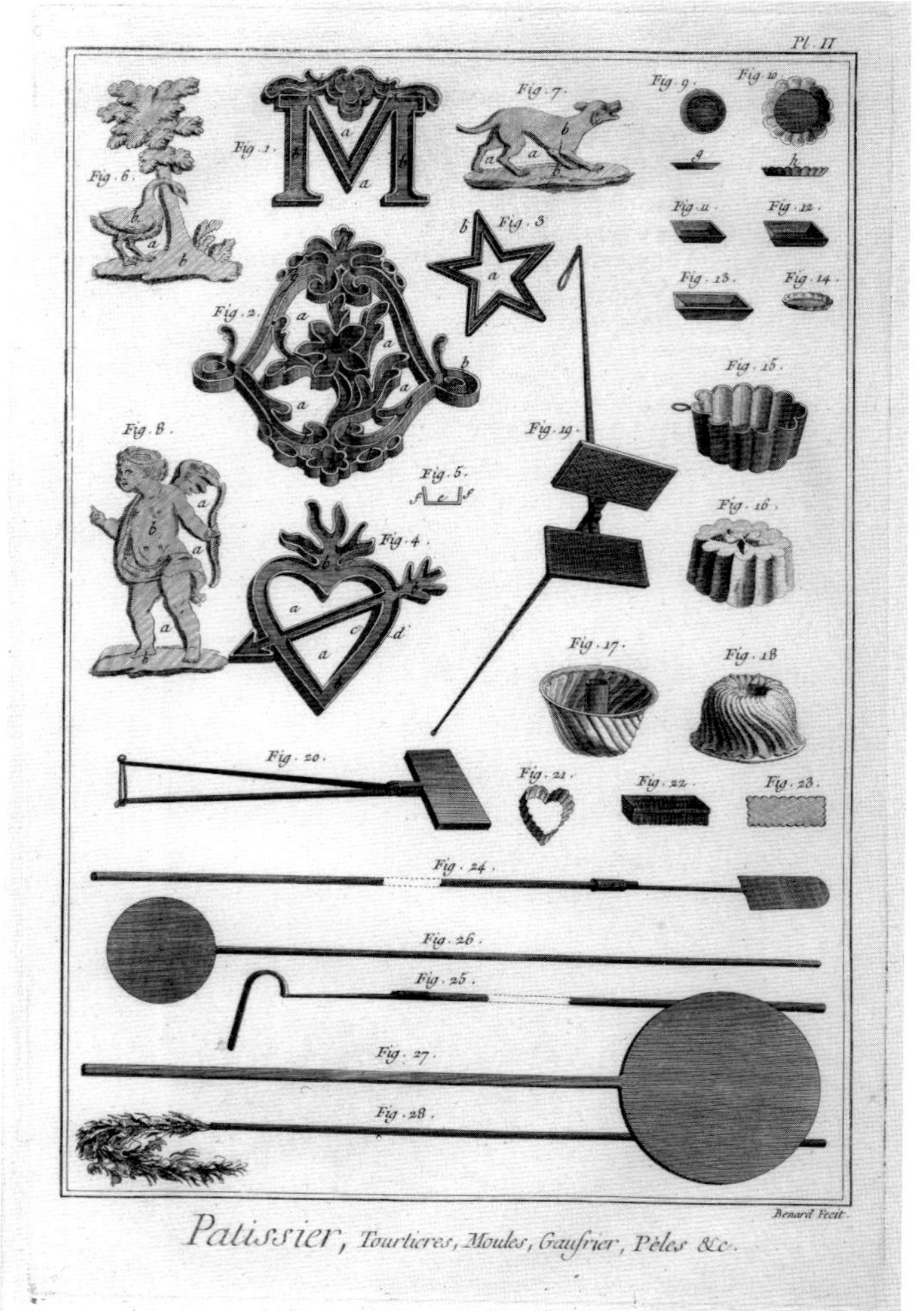

1771年頃にドゥニ・ディドロとジャン・ル・ロン・ダンベールが編纂した『百科全書』の「パティシエ」の項目に描かれた調理器具。1～5はブリキの型、6～8は人や動物の形をしたアーモンドペーストやビスケット、17～18はタルトの型とタークスキャップ（ヒメフヨウ）の形をしたケーキ、19～20はウエハースを作る鉄製の器具、21はブリキのハートの抜き型、24～28はオーブン用の器具。

ボンヌフォンは熱源を管理することを強調したが、それは調理の仕方によって余熱や異なる火力が使われる現代の調理法を予見させる。また彼は、急増する調理器具に言及すると同時に鋳型を使用する製法も提示しており、その製法は今日でも焼き菓子店で目にすることができる。

「ペストリー職人のローフ」に言及したボンヌフォンの料理本は、食の歴史家、なかでもビスケットの歴史研究家にこんなことを教えてくれる。まず、ビスケット・デュ・ロイのレシピのおかげで、スポンジ・ビスケットが作られたおおまかな年代が判別できる。また、初期段階のサヴォイ・ビスケット（スポンジ・フィンガー）はローフのイメージで作られており、つまり当初はパンと似通った存在だったこともわかる。

◉技術の伝承

なかでも重要なのは、ボンヌフォンのレシピが――めずらしいことに――専門家のビスケットの製法を伝授していることだろう。通常は専門家が製法を、とくに焼き方を教えるというのはめったにないことであり、たとえば熱や湿度なども（これは最新機器を豊富に備えた現代においてさえむずかしい）やすやすとは教えない。

ボンヌフォンのような料理ライターたちは、彼らの知識を一般市民に広めるうえでこのように重要な役割を果たしたわけだが、一方で職人たちの商売を明らかに妨害してしまった。家庭でビスケットが作られるようになれば、店の売り上げが減少するからだ。

とはいえ、ヨーロッパ各地で強い影響力を誇る焼き菓子ギルドの結束が緩むまでにはいたらなかった。たとえばドイツ、オランダ、イタリアなど、当時、数々の料理本が刊行されていたこの3つの国では、重要なビスケット文化があるにもかかわらず、ビスケットに言及するものはほとんどなかったのだ。

ボンヌフォンと同時代に活躍したフランス人シェフ、フランソワ・ピエール・ド・ラ・ヴァレンヌ（1615～1678年）の影響は、現代にさらに色濃く反映されている。ラ・ヴァレンヌの3冊目の料理本『フランスのパティシエ *Le Pâtissier françois*』は「17世紀中期から18世紀末にかけてのフランスにおいて、ペストリーに特化した料理本」という点で他に類を見ない。[3]

そのなかで著者は、仲間の料理人から押しつけられたお菓子作りの知識を使わないことをはっきりと宣言し、「フランス宮廷でもっとも有名な料理人たちの性格の悪さ」や「彼らの知識を〝隠蔽《いんぺい》〟し、その普及を妨げるパリ市」に対して怒りをたぎらせている。『フランスのパティシエ』はこの路線を「治そう」と試みる。いわくこの本には、「準備が大変だったり、

A・シャイヨの描いた、ビスケットを食べるフランスの上流婦人。高級女性ファッション誌『レディース・トレジュアリー　パリの最新ファッション』（1889年3月、ロンドン）より。

高級すぎたり、財布にやさしくない内容は含まれていない」[4]。

『フランスのパティシエ』は非常に分厚く、現代のお菓子作りの基礎に興味のある者なら誰しも参考にしたい文献だ。8つのレシピが掲載されたビスケットの章は、「ペストリーの基本——シェフのビスケット」から始まり、つづく7つのレシピもこの基本レシピをアレンジしたものである。そこにはイタリアの「ピエモンテ・ビスケット」も含まれており、ビスケットのレシピや製法が、いかに国境を越えてそれぞれの地域で発達したかも示されている。最後の8番目のレシピは「レンテン・ビスケット[復活祭前の準備期間である四旬節の節制中に食されたもの]」だ。これはビスケットが、当時頻繁に設けられていた「断食日」の代替食として求められるほど一般的な食事であったことを示唆している。

ラ・ヴァレンヌの本のなかで独立した章を与えられているのが、マカロンだ。この丸々としたやわらかな愛らしいビスケットは、原材料や製法がほとんど変わらないまま受け継がれてきた、息の長いビスケットのひとつである。ヨーロッパから中東まで広い範囲にわたって人気を博した菓子でありながら、基本的な材料は昔からアーモンドパウダー、砂糖、卵白と変わることなく、バラの香料で香りづけされることも多い。

マカロンの人気の理由はおそらく——味はもちろんだが——正統派のユダヤ教徒が過越祭で食すことができたからだ。というのも、卵白で生地を膨らませる醱酵させる必要がなかっ

ココナッツマカロン。何度も姿を変えてきた、世界的に人気のビスケットのひとつ。

たのだ［ユダヤ教では過越祭のあいだは醗酵させたパンを食べない］。マカロンはヴェネツィアやブダペストなど、ユダヤ人が離散した地域にたびたび登場する。

またマカロンは、初期の菓子界に直系の祖先を持つ、現代のビスケットでもある。マカロンはマジパンから進化したものだが、マジパンもまたアーモンドパウダーと砂糖でできている。

◉クランチ

マカロンの特徴のひとつに、やわらかさがある。甘いビスケットは、やがてサクサクとした食感がその特徴として挙げられるようになるが、それはケーキやパンなどの菓子と区別するうえで重要な特質になっていく。

長く、特殊な歴史を持つビスケット「クラックネル」の名前は、この重要な特質から来ている。「クラックネル（堅焼きビスケット）」は、フランスのビスケット「クラッククラン」と、オランダのビスケット「クラーケリング」に関連しており、この3つの言語には、いずれもパリパリ、サクサクといった意味がある。

共通の意味を持つにもかかわらず、クラックネルのレシピは、原材料も製法も多様である。

クラーケリングは、パリッとした食感が人気のオランダのビスケット。

大きな違いは、焼く前に生地を茹でる（手法は違うがこれも二度焼きの一種）か、あるいはスポンジ・ビスケットのようにシートに載せて一度焼くだけかという点だ。クラックネルは日常的な食品ではなく、ウエハースのように特別なときにだけ食べられていたのではないかと考える者もいる。

茹でるタイプのクラックネルは、形が曲がっていたり、中が空洞になっていたりすることが多い。いずれの製法も18世紀には記載がある。有名な料理本『完璧な菓子職人 *The Complete Confectioner*』（1760年）の著者でイギリス人女性のハンナ・グラスは茹でる製法を採用していたが、その100年前、同じイギリス人のロバート・メイは自身の著書『熟練の料理人 *The Accomplisht Cook*』（1660年）のなかで、以下のように指示している。

〔生地を〕ごく薄く伸ばし、小さく切り分け、バターを塗った紙に置く。オーブンに入れる際にはとがったもので生地をつついて、バラ水か清水を入れてよくかきまぜた卵の黄身を表面に薄く塗る。焼き上がったらしばらく生地を寝かす。食べる直前にオーブンで温めてサクサクの食感にすること。[5]

サクサクとした食感は、おそらく18世紀のビスケット、サヴォイの最大の特徴だったと思われる。このビスケットは、イタリアではサヴォアルディ、イギリスではレディ・フィンガースまたはスポンジ・フィンガースというように、ヨーロッパ各地でさまざまな名前で受け継がれてきた。食べ方も多岐にわたり、赤ちゃんがしゃぶったり、子供がおやつに食べたり、イギリスのトライフルやイタリアのティラミスなど、数多くのデザートの主要な材料として使われたりしている。

17世紀後半の有名な料理ライター兼フランス王家の料理人の一員フランソワ・マシアロ（1660〜1733年）は、サヴォイ・ビスケットのレシピをいくつか残している。その製法はボンヌフォンのビスケット・デュ・ロイを進化させたもので、卵白と卵黄を別々に使う。卵をかき混ぜるのは相変わらずの重労働だが、マシアロのレシピでは「しっかりとしたメレンゲを作るために、卵白に同量の粉砂糖を入れて泡立て器でよくかき混ぜる」[6]。

◉ホームベーキング

レベッカ・プライス（1660〜1740年）の料理本は、家事をする女性のあいだでもビスケットが人気だったことを示している。彼女にとって、ビスケット作りにプロのような細かいあれこれは必要なく、そのレシピからは、料理に対する（当時としてはめずらしい）

ラスク。基本のレシピは18世紀のヨーロッパまでさかのぼり、多くの地域で離乳食として親しまれている。

女性の自信と、さまざまな種類のビスケットをマスターし、そのアレンジを楽しんでいるようすがうかがえる。

プライスの料理、とくにビスケットに対するアプローチは、今日のビスケット作りにもなじみ深いものだろう。彼女は、ロンドン市長の妻シェルドン夫人、ロンドンで有名な女主人、母校の寄宿学校の料理人など、さまざまな人や場所からレシピを集めた。以下に記すビスケットのレシピのリストの一部は、それらがキッチンで交錯したようすを示している。

ジャンブル——母のレシピ
結んだ形のジャンブル——ライおばさんのレシピ
シュガー・ケーキ——ハウ夫人のレシピ
オレンジ・ビスケット——1番目のいとこクラークのレシピ
ナポリ・ビスケット——母校の味

プライスは明らかにビスケット作りに熟達していて、指示のなかには「オーブンの温度を上げすぎないこと。ジャンブルの生地同士を近づけすぎるとくっつくので離して置くこと」といった注意事項が含まれる。また作り方の記述には独自の言いまわしや記号などが使われており、彼女流のビスケットが生み出されていたことがわかる。「ジャンブル」の他のレシピでは、「自分の好きな形に巻き」あるいは「色をつけたければ、好きな色の花を絞って染色する」などの一節もある。[7]

ともすると、ミセス・バンフォードやレディ・シェルドンといった女性たちが、意見を交わし、作り方を教え合う声が聞こえてきそうな気がするが、ビスケットには異なる場所をつなぐ役割がある。たとえば、サヴォイ・ビスケットから派生したナポリ・ビスケットのレシピがあったり、イギリス西部の町の名前にちなんで名づけられた「シュルーズベリー・ケーキ」のように、地元の郷土愛を反映したビスケットがあったりする。

この独自のビスケット作りの傾向は、今日アメリカで行われている「クッキー交換」に受け継がれ、またインターネット上でも熱心にレシピの交換が行われている。

◉「クッキー」の語源

レベッカ・プライスのレシピ本は、当時の料理の他家受粉《たかじゅふん》の証である。とくに重要なのは――そしてビスケット史における最重要分岐点となったのは――オランダの焼き菓子がアメリカに渡ったことで、これがやがてクッキーの誕生につながっていく。オランダ語の「クーク（koek）」は「平らな焼き物」を意味する。17世紀のオランダでは、「クーキエ（koeckjens または koecxkens）」は「クークの小さいもの」を指し、これがアメリカの「クッキー」の語源となった。[8]

オランダには世界屈指のお菓子作りの歴史がある。パンケーキ、ウエハース、パン、フリッター、ケーキ、プレッツェルをはじめ、その他さまざまなビスケット作りにおいて、何世紀にもわたり、量においても種類においてもオランダに勝る国はなかった。数々の宗教的な祝祭日は特定の焼き菓子で祝われてきたが（たとえば12月5日の聖ニコラスの日の前夜は、スパイスとバターが特徴的なビスケット、スペキュラースあるいはスペキュロス）、ビスケットは一年中いつでも紅茶やコーヒーと一緒に食されてきた。

17世紀、オランダ共和国は世界有数の富裕国となり、食のレベルも世界最高峰のひとつとなった。当時の静物画には食生活の豊かさや質の良さが反映され、そこにはビスケットも数多く描かれていた。

画家ヨブ・ベルクヘイデ（1630～1693年）が描いたパン屋の絵からは、当時のビスケット文化を垣間見ることができる。おそらくはクリスマス、着飾った裕福な子供たちがパン屋でシュガー・ビスケットを買っている。[9] この絵から読み取れる情報はそう多くはないが、シンプルな構図や子供たちの落ち着いたようすから、この出来事は特別ではあるものの、馴染みがないものではないことが推察される。

ビスケット文化は、要するに生活の一部であり、現代社会における裕福な国々の子供たちが、菓子やキャンディを買うのと同じことなのだ。

絵の中に登場する甘いプレッツェル、クラークリングは、ジャンブル、クラックネル、ウエハースのように、長い時間をかけて変化し、別のカテゴリーとオーバーラップしてきたが、その由来に「諸説」あるのは言うまでもない。

近世初期、そして20世紀に入るまで、クラークリングは硬くて甘かった。実際オランダ語の「クラークリング」は、動詞の kraken（ひびが入る crack、クランチ crunch）と名詞の krakeel（口論 quarrel、戦い fight）という語に関連している。[10]

オランダ黄金時代の絵画のなかには、ピーテル・ブリューゲル（父）の作品のように、人々が小さな指でクラークリングを引っ張り合い、誰が一番多くつかめるかといった、一種の主導権争いの道具として描かれているものもある。[11]

出版業を営むザカリアス・ヘインズが１６０２年に創作した、サクサクでバターたっぷりのビスケットについて書いた詩は、オランダ全土にビスケットがあふれていたことのさらなる証だろう。

クラーケリングを引っ張りあうふたりの男性。ピーテル・ブリューゲル（父）作『ネーデルラントのことわざ』（油彩、パネル。1559年）。

クラーケリング
大きくてとんがっている
カサカサの稲穂、そんなふうに知られている
けれど砂糖とシナモンをふりかければ
これほどおいしいものはない[12]

17世紀のオランダ文化に多種多様なビスケットが存在していたことを考えれば、当時もっとも有名だったオランダの料理本『良識ある料理人 *Der Verstandige Kock*』（1667年）で、いろいろな種類のフリッターは紹介されているにもかかわらずビスケットが紹介されていないことにまず驚く。オランダの主婦たちは、イギリスのレベッカ・プライスのように、手作りビスケットを交換しなかったのだろうか？　それとも中世から19世紀にかけて力を持っていたオランダの焼き菓子ギルドが、レシピや技術の流出を阻止していたのだろうか？

●クッキーの誕生

17世紀初頭、最初のオランダ人がアメリカ北東部に移住を開始すると、その土地をニュー・

ネーデルラントと名づけた。17世紀中盤、オランダ人の焼き菓子職人たちはギルドを組織しようと試みたがしりぞけられ、以来、この植民地でギルドが結成されることはなかった。それでもオランダ人はビスケットを含む伝統的な焼き菓子を新世界に持ちこみ、クーキエは初期の移民史にその名をきざむこととなる。

ニュー・ネーデルラントのクーキエに関する最初の記述は、ネイティブ・アメリカンとの交易に関するものだった。どうやら移民が焼いたパンや「甘いケーキ」はたちまち人気を博したようだ。彼らはすぐに毛皮などの交易品としてオランダ人の焼き菓子を受け入れたが、その人気ぶりは、お金を稼ごうと菓子作りに参入した素人に、プロのパン菓子職人たちの仕事が脅かされるほどだった。

やがてこれが、当局によって以下のような条例が発令される問題にまで発展する。「地元の者も、よそから来た者も、多くの者が交易の時期にクーキエと……目方の足りない白パンでインディアンたちと取引していることがわかっているが、これはパン菓子職人にとって多大な損失であるから、冬は菓子作りを止めること」[13]。パン菓子職人たちは一貫して自分たちの利益を守ろうと奮闘してきたが、これは素人の参戦に対するきわめて直接的な禁止令のひとつと言えるだろう。

アメリカは大部分が田舎で（当初は都市にさえほとんどベーカリーはなかった）、女性は独学でパンやビスケットの焼き方を覚えたが、それは洗練された都心に大勢がひしめくオランダの暮らしとはまったく異なっていた。「ビスケット」や「クッキー」という単語は、いずれもオランダ人の焼いた小さなケーキを表す言葉だったが、徐々に「クッキー」が市民権を得、一方のビスケットは、イギリスのスコーンのような、軽くてふわふわした形態のものを指すようになっていく。

アメリカで最初のクッキーのレシピはアメリア・シモンズの『アメリカの料理 *American Cookery*』に登場する。アメリカ独立宣言の20年後、1796年に刊行されたこの本についてシモンズは、「この国とすべての階級の生活に適した」本だと主張している。だが、現代のクッキーに馴染みのある私たちにとって、このレシピは明らかに何かが足りない気がする。

クッキー

1ポンドの砂糖を半パイントの水でゆっくりと煮つめ、あくを取ったら冷まし、ティースプーン1杯の真珠灰を加え、牛乳に溶かす。それから2・5ポンドの小麦粉、4オンスのバター、粉末のコリアンダー・シード大さじ2杯を上記に加える。生地を半インチほどの厚みに伸ばし、好みの形に切り分ける。粉炭《ふんたん》の窯で15分から20分ほど焼いたら、3週間ほど楽しめる。

醗酵させたアメリカの「ビスケット」は、いわゆるビスケットやクッキーとは別物である。

2010年、ジャーナリストで作家のアンドリュー・ベアーズが、「ものすごくおいしい」クッキーを期待して、また過去とのつながりを伝える意味で、息子と一緒にこのレシピを試したところ、予想外の結末が待っていた。

このレシピは何かが違う、と私は思った。シモンズは卵を使っていないし、バターの量もやけに少ない（他のレシピには両方ともたっぷり使用しているのに）。ひょっとしたら彼女は、もてなしや、贅《ぜい》を共有するという意味でこれを書いたのではないだろうか。現代の料理には甘いものがあふれている（実際のところあふれすぎている）。それに砂糖、とくにコーンシロップは安価だ。だがこの初期のクッキーのレシピ――まだ小さなケーキにそっくりの、乾燥した甘いクッキーのレシピ――は、甘いものがまやかしや上っ面だけではなかった時代を想起させる。そう、これは砂糖について記したものなのだ。裕福でない家庭において、砂糖は特別なものだったのだ。[14]

19世紀になると砂糖はさらに安くなり、20世紀以降に出現する、他の甘い食べ物にその地位を奪われていく。やがて、ビスケットやクッキーは一般的な食べ物となるが、しかしその起源にある特別な何かは、いまも息づいている。

作り方が簡単で、手軽にデコレーションが楽しめるシュガークッキーは、作り手の数だけ種類があるといっても過言ではない。

第3章◉黄金期——19世紀

ビスケット職人、その呼び名は、過去のものだ。
——フレデリック・ヴァイン（パン菓子職人／1896年）

19世紀はビスケットの黄金期だった。

最初こそ——手作りのものであれ店で作られたものであれ——クッキーはまだ特別なごちそうだったが、20世紀前半の第一次世界大戦勃発までにはほとんどの国で手軽に食べられるようになっていた。これは、矢継ぎ早にもたらされた変革と産業革命による進歩に伴い、テクノロジーがつぎつぎと転換期を迎えた結果だった。

産業化によってビスケットは生活必需品となり、梱包方法や販売経路があっという間に整えられた。このシステムは新たなスタンダードとして他の多くの食品にも適応され、そういう意味ではビスケットやクッキーは、その後の社会を席巻していくファストフードの走りであると考えられるだろう。

●産業革命

素朴なビスケット人気の高まりに伴い、1860年のロンドンの新聞『モーニング・スター』にはこんな長文の記事が掲載されている。

昔から人々の生活に寄り添ってきたパン屋は、現代で言えば――栄養価が高く、甘くてちょっぴりスパイスのきいた――ビスケットの製造会社にあたるだろう。もちろんここで、ビスケットと縁の深いイギリス海軍の偉大さを讃えるための中身のない、ご都合主義の記事を書くつもりはない。それとはまったく異なる――ピクニック、オズボーン、女王、ヒメウイキョウ、ランチ、コーヒーとワインのビスケット、堅焼きビスケットなどにまつわる――くくりで書かねばなるまい。社会経済において特殊な地位を築いているこの小さい創造物と、水夫が食べていた小麦粉と水を固めて焼いた合成物は、成熟した知的な大人とポリープのように切り離すべき関係にある。現代の理論家ならきっとこう言うだろう。まず（ビスケットの）可能性を引き出し、発展させるべきであると。[1]

1874年12月イラストレイテッド・ロンドン・ニュース紙に掲載された「ピーク・フリーン・ビスケット工場」より。19世紀の工業化されたビスケット生産のようすがよくわかる。こうした技術や設備は世界中に輸出された。

ダイジェスティブ・ビスケットは工業化によってイギリスでもっとも普及したビスケットのひとつ。とくにチョコレート・コーティングされたものが人気。

1860年のイギリスは産業革命の渦中にあった。（この記事が「社会進化論」を暗示しているように）当時のイギリスでビスケットが「社会経済」の一部となっていたという発言で、筆者はその不可欠性を明白に指摘している。実際、ビスケットは産業化された新たな生活の産物であり、成功の要因でもあった。テクノロジーがさらなる生産を可能にすると同時に、新しい形の労働力は手間のいらない食品を必要としたのだ。

産業革命以前、イギリスの朝食は量が多く、比較的遅い午前9時か10時に、夕食は午後4時から5時のあいだに摂られていた。だが1860年頃の産業革命は働き方を一変した。朝食の量は減り、時間も8時から9時と早まった一方で、夕食の時間は遅くなり、午後7時から8時のあいだに食べられるようになった。そして朝食から夕食までの空白の時間が長くなったため、昼食とお茶の時間が以前よりも重要な役割を担うことになった——ビスケットの出番到来である。[2]

新しいビスケットは機能的かつ美味だった。『モーニング・スター』紙の記事は、乾パンと甘いビスケットの正式な離婚を宣言した。命をつないだ乾パンは、人々の生活を豊かにするビスケットへと正式にその立場を譲ることになったのだ。

産業革命の本場として、イギリスで大規模な工場がいち早く建設され、ビスケットおよびビスケットの技術を輸出しはじめたのは当然だろう。フランスの有名な料理事典『ラルース・ガストロノミック』でさえこの功績に敬意を表しているが、その先駆けとなったのがハントレー・アンド・パーマーズ社である。

ハントレー・アンド・パーマーズ社は、ビクトリア女王の治世（１８３７〜１９０１年）に成長を遂げた製菓会社である。１８２２年、ジョセフ・ハントレーという菓子職人が、ロンドンから64キロほど離れたレディングという町に小さな店をオープンした。間口わずか５・５メートルの店舗だったが、地下には大きな製菓工場を備えていた。１８９８年までに、ハントレー・アンド・パーマーズ社は資本金２４０万ポンドの有限会社へと成長し、４００種類以上のビスケットを生産するまでになった。[3]

◉技術革新

その間、いくつもの技術革新があった。1833年、ポーツマス海軍基地の責任者サー・トーマス・グラントが、エンジニアのサー・ジョン・レニーの協力のもと、蒸気で動く乾パン製造機を開発し、まぜる、伸ばす、切るといった過程をスピーディに行えるようにした。

この新たなマシンの導入により、それまでは1時間に680キログラムのビスケットを生産するのに45人の作業員が必要だったが、16人の労働力で1時間に1トンのビスケットを生産できるようになり、品質と均一性も改善した。

同じ頃、カーライルの粉屋でパン職人のジョナサン・ダジソン・カーが、手動のフライ・プレスをもとに、ビスケットを自動で切り分け、型抜きをするマシンを開発した。こねる、伸ばす、切るという単純なマシンと併用することで、このマシンは年間400トンのもビスケットを容易に製造できた。

1841年、熟練の製粉業者で菓子職人のジョージ・パーマーは、いとこのトーマス・ハントレーの所有していた小さな蒸気機関を店の奥へと持ち込んだ。1846年、パーマーが事業の中心を店舗での販売から工場での生産に移す頃にはビスケットの生産量は2倍になり、パーマーは25馬力の蒸気機関を導入することにした。1851年、パーマーは乾パンの開発に使われた回転式オーブンを導入した。長さ6メートル、幅1・4メートルのそれは、ビスケットを休みなしで焼き続けることができた。

またこの頃までにパーマーは、生地を混ぜる過程も自動化していた。混ぜる機械はふたつあり、ひとつはプレーンビスケットの硬い生地用、もうひとつはミルクやバター、卵など各種の「贅沢な」原料を使用したやわらかい生地用で、硬い生地用の機械なら15分間で125キログラムの小麦粉を混ぜることができた。また、伸ばしたり切ったりする機械も2種類あった。キャプテンズ・ビスケット（プレーンビスケット）の機械が硬い生地用、クラックネルの機械がやわらかい生地用である。ふたつの機械は、それが生存に必要な乾パンなのか、贅沢品のビスケットなのかの境界線を表すものでもあった。

◉宣伝

ビスケットの生産量が増えると、ハントレー・アンド・パーマーズ社はまずは販売網の確立に力を入れることにした。問屋を使ってイギリス全土の家庭用雑貨店を組織したのである。1850年には、ハントレー・アンド・パーマーズ社のビスケットは400の町の700店舗以上で販売されるようになり、食べたあとは小物入れなどにも使える、色とりどりのブリキ缶に入ったビスケットは世界中に輸出されるようになった。ビスケットのイラストが豊富に描かれたカタログは数百もの——店も迷うほどだった——商品を提供した。

19世紀後半の宣伝や販売の資料を見ると、子供を販売のターゲットにしていたことがわかる。「子供時代」はビクトリア朝時代の発明だとも言われているが、ハントレー・アンド・パーマーズ社のビスケット商材は、まさにその説が正しいことを証明している。

同社は早い段階から、ビスケットを食べる行為と子供時代の無垢で素朴なよろこびとを関連づけようと努力してきた。このふたつを結びつける試みは会社にとって重要だとみなされていたようだ。1860年9月の『モーニング・スター』紙に、ビスケットに関するこんな記事がある。

小さなジョニー少年の初登校の日、鞄の中にはまず間違いなく、「食べるのは1日1枚、授業中じゃなく休憩時間よ」と母親がわが子に約束させたブリキ缶のビスケットが入っていることだろう。その教えを守ろうとするジョニー少年の良心は胃袋と格闘するのだが、やがてこの小さな缶は母と子の絆となり——真夏の楽しい思い出と、来たるべきミンチパイとクリスマスの栄光を隔てる湾の懸け橋のように——学校と自宅に横たわる距離を消滅させるものとなる。そして大人になった少年は、ビスケット缶を古い友のよう

イギリスの子供たちに「つぶれたハエ（squashed fly）」の通称で親しまれているガリバルディ・ビスケット。ビスケット会社ピーク・フリーン＆ Co. が1861年にはじめて工場生産を開始した。

ビスケットの大賞受賞を祝うハントレー＆パーマーズ社のポスター。ビスケット会社はいちはやく食品生産をブランド化した。

に見つめ、ビスケットに慰められた日々をおだやかな気持ちで思い出すのである。[4]

ハントレー・アンド・パーマーズ社のマーケティングは、ビスケットを食べる行為を個人的な感情の奥深くへ埋め込もうとするものだった。たしかに既製品のビスケットは生活に欠かせないものではあったが、同社は、ビスケットを食べるという行為に、工業化された近代生活とは正反対のイメージを植えつけるべく取り組んだのである。

ビスケットと子供時代を結びつけたこの商法は、新たに工業化がはじまった他国でも急速に受け入れられていく。なかでも目を引くのは、フランスのビスケット会社「ルー」こと、ルフェーヴル・ユティル社のキャンペーンだ。創業者夫婦の名前を冠したこの会社は、１８４６年にフランスのナントで創業された。当初はハントレー・アンド・パーマーズ社のビスケットを輸入していたルーだが、ほどなく独自のビスケット製造を開始し、今日でも人気の高いビスケット「プチ・ブール」を生み出した。

キャンペーンの主役は、１８０７年に店のカレンダーを制作した馴染みの版画家エティエンヌ・モーリス・ファーミン・ブイセの手によるポスターだ。そこには「ＬＵ」のロゴ入りのバスケットを手に、目を大きく見開いてビスケットを食べる男の子が描かれていた。この男の子はやがてフランスの近代と子供の象徴となり、今もその姿はチョコレート・コー

著名なフランス人イラストレーター、エティエンヌ・モーリス・ファーミン・ブイセ（1859～1925年）が手がけたルーの宣伝ポスター。この男の子はフランスの菓子とフランスのイラスト、両者の象徴となった。

プチ・エコリエ。フランスで人気のビスケットのひとつ。

ティングされたプチ・ブールのチョコレート部分に描かれている。菓子よりも食事に重きを置くフランスでプチ・ブールは、シンプルかつ健康的、学校から帰ってきた子供たちが食べるのに適当な「甘すぎない菓子」として市場を席巻した。地域ごとに異なる食文化を誇りとするフランスでさえ、この菓子は全国的な人気となった。

ドイツでは、ルーの成功に触発された食品製造会社バールセンが、1891年、「ライプニッツ」というブランド名のバタービスケットを発売した。「ライプニッツ・ケークス」の名前は、17世紀の哲学者ゴットフリート・ヴィルヘルム・ライプニッツにちなんだもので、彼の出身地であるハノーヴァーは、昔も今もバールセン社の本拠地である。

「ケークス」は英語の「ケーキ」を変形させた語だったが、この新たなビスケットの人気が沸騰したため、いつしか類似のビスケットを呼びならわす符号として定着した。プチ・ブール、ライプニッツ、姉妹品のチョコ・ライプニッツが今日世界中に広まっているのは、そのマーケティングが大成功を収めたおかげである。

チョコ・ライプニッツ。1889年に発売されて以来ドイツで絶大な人気を誇るビスケット。名前は哲学者で数学者のゴットフリート・ヴィルヘルム・ライプニッツ（1646 ～ 1716年）から名づけた。

◉パッケージ

ビスケットが世界のインスタント食品革命を先導したもうひとつの理由は、パッケージングにある。ここではアメリカの大企業、ナビスコが世界をけん引していく。

その昔、アメリカの焼き菓子はほとんど家庭で作られており、パンや焼き菓子を扱う商売は小規模だったため、米国特許商標庁はそれらに関する発明をすべて、産業ではなく芸術のカテゴリーに分類していた。[5] だがやがて、乾パンから進化した塩味のビスケット、クラッカーが全国で人気を博していく。これは家庭で作られたものではなく、フェリー船「ヤンキー号」の元船長ジョシア・ベントの手によるもので、1801年、船乗り業を引退したベントはマサチューセッツ州ミルトンで製造を開始した。

最初、クラッカーはまっすぐに立てた木の樽に入れて販売されていたことから、19世紀のアメリカでは、小さな食

アメリカ人画家ウィリアム・P・チャペル作『ラスクとレンガの家 *Tea Rusk and Brick House*』（ニューヨーク、油彩、スレート紙、1870年代）。アメリカの都市ではクッキーなどの焼き菓子類は、主に少年や若い男性が売り歩いていた。

料品店には必ずクラッカーの樽が置かれていた。出来立てのクラッカーが樽の一番上にあり、下に行くほどしけって古くなっていくことから、こんな逸話がある。あるときひとりの客が樽の中にネズミがいると文句を言うと、店の主人はこう切り返した。「それはあり得ない。ネズミはうちの樽のなかには住めないよ。なにせ猫が毎晩そこで寝ているからね」[6]

ビスケット、とりわけクッキー史に関するもうひとつの転換点は、19世紀の終わりに（ナビスコの創業者のひとり）アドルファス・W・グリーンという中西部に住む著名な弁護士がアメリカのビスケット産業をまとめ上げ、つねに新鮮で食欲をそそる製品を顧客に提供する可能性を見出したことである。

グリーンは、各自多様な製品を生産している小さなベーカリーを統合した。ナビスコの最初のヒット商品は、塩味のクラッカー「ウニーダ・ビスケット」である。この大成功を実現したひとつの要因は、クラッカーを売るための販売テクニックである。

ウニーダの成功の最大要因は、しけずにいつまでも新鮮なまま保存できたことだ。これを可能にするため、いくつかの実験が行われている。雑用係から仕事をはじめ、ナショナル・ビスケット・カンパニー（ナビスコ）のパッケージ担当にまで昇りつめたジョルジュ・デクラークは、ウニーダ・ビスケットのパッケージに関する初期の実験を記録している。

このウニーダ・ビスケットの広告は、アメリカをはじめ世界各地でクッキーを広く普及させたキャンペーンの一環。

陶器の壺をふたつ用意し、透過性の高いレンガをそれぞれの壺に入れ、レンガのてっぺんが濡れない程度に水を注ぎ、テスト用のパッケージを各レンガの上に置く。ひとつの壺にはロウを染み込ませた紙を使用したパッケージを、もうひとつの壺にはロウでコーティングされたパッケージを置いた。それから陶器の蓋の下に紙をぴったり貼り付けて密封し、そのまま72時間放置する。はたして、ロウを染み込ませた紙のクラッカーはふやけて食べられず、もう一方のロウでコーティングされた紙のほうは湿気による影響はなく、クラッカーもパリパリのままだった。[7]

さらに他の専門家たちの意見も取り入れ、ナビスコは独自のパッケージ——ボール紙の内側にパラフィン紙を敷いて両側を中に織り込み、「インナーシール」と呼ばれる気密性が高くて水にも強い箱——を開発した。割れにくく、湿気にも強く、どこでも入手可能なウニーダ・ビスケットは国内市場を席巻し、いつしかクラッカー樽や小規模な小売業者を根絶した。開発からわずか6年後、ナビスコの年商は3500万ドルを超えた。当然他の食品メーカーもその技術に注目し、それぞれが独自のインナーシールを発展させていった。ひとつのビスケット——乾パンの「いとこ」のようなもの——が、一国の食習慣、ひいては世界の食習慣を永久に変えたのである。

第4章◉国境を越えて——20世紀

アニマル・クラッカーを食べながらココアを飲む、思うに、これが最高の晩餐ではないだろうか……。

——クリストファー・モーリー（1890〜1957年）

20世紀になる頃には、ビスケットやクッキーは技術的に成熟期を迎えつつあった。生産の改善と革新が起こり、容易にはがれないクッキーサンドが発明され、風味やパッケージもますます洗練されていった。ただし1910年に製造がはじまったチョコサンド・ビスケット「ブルボン・クリーム」は、1999年になっても、その見た目は（おそらくは味も）ほとんど変わっていなかった。

こうした一貫性は、複雑なビスケットおよびクッキー道と矛盾する。なおウェブスター辞典では、20世紀に生まれたこの「〜道（foodways）」という言葉は「人、地域、歴史区分における食習慣や料理の慣習」と説明されている。[1] 20世紀の歴史に小さな窓口を開けたビスケットおよびクッキー道は、ナショナリズムやグローバリズムを伴いながら、容赦ないマーケティング力で個人の領域へと踏みこんでいく。

◉政治とビスケット

政治と密接に関連した特定のビスケットへの言及なくして、20世紀のビスケットやクッキーは語れない。

アンザック・ビスケット（クッキー）は、20世紀のなかでも特筆すべきビスケットだろう。オーストラリア軍やニュージーランド軍の略称と同じ呼び名のこのビスケットは、第一次世界大戦中、ガリポリの戦いで大敗を喫して苦しむオーストラリアやニュージーランドの兵士たちへ敬意を表して作られたものである。主な材料はロールドオーツ、きざんだココナッツ、ゴールデンシロップ。他にも売っている国はあるかもしれないが、とりわけオーストラリアやニュージーランドと関わりの深い食品であり、いずれの国でもそれらを食することは愛国行為に等しい。

メキシカン・ウェディング・ケーキは20世紀でもっとも政治色の強いビスケットといえる

アンザック・ビスケットは、第一次世界大戦を戦ったオーストラリアとニュージーランドの兵士を称えるために作られた。

メキシカン・ウェディング・ケーキは中世のアラビアに起源を持つ。

かもしれない。バターのきいたコクのあるショートブレッド・タイプ、特別な行事に食べられるこのクッキーは、表面に粉砂糖がまぶされ、その構造はロシアン・ティー・ケーキと同じである。歴史家によると、1950年代にロシアとアメリカの関係が緊張状態を迎えた際に、差しさわりのない中米の名がクッキーに採用されたのではないかという。この説が本当なら、このビスケットには冷戦という当時の社会情勢が反映されていたことになる。

メキシカン・ウェディング・ケーキ（またはロシアン・ティー・ケーキ――呼び名は各自の政治的信条に任せたい）は、歴史的には新しいものではない。さかのぼること数世紀、このビスケットはムーア人［北西アフリカのイスラム教徒］時代のスペイン経由でアラビアへ渡ったと伝えられている。中東諸国では現在でも類似のクッキーが存在することから、このビスケットは名前の由来だけでなく、地理的な広がりにおいても政治的な関与があったことがうかがえる。

非常に長い歴史を持つイギリスのビスケット、シュルーズベリー・ケーキもしくはシュルーズベリー・ビスケットは、1947年に終わりを迎えたイギリス統治下のインドで新たなアイデンティティを手にしている。これはイギリスでもっとも古くから作られているビスケットのひとつで、記録によると、イングランド西部、シュロップシャー州の町シュルーズベリーで16世紀に作られた「ケーキ」が受け継がれてきたものらしい。材料にはレモンの皮、場合

インドのビスケット売り。保存のきくビスケットは、どこの店でもストックしておくのに都合がいい。

油で揚げたカリカリのスリランカ菓子コキスは、米粉とココナッツミルクが主な原材料。オランダ人入植者が持ち込んだのが起源とされている。

によってはドライフルーツが使われ、サクサクとした食感が最大の特徴だ。イギリスの劇作家ウィリアム・コングリーヴは1700年に書いた戯曲の中で、ある登場人物を「シュルーズベリー・ケーキのごとくざっくりしている」と描写している。

シュルーズベリー地方の店では、第二次世界大戦までシュルーズベリーのレシピを門外不出にするほどの人気だったが、戦争がはじまると、バターや砂糖といった主要な材料が（イギリスやヨーロッパ各地の多くのビスケット同様）配給制になったことで生産量が落ち込み、それに伴い人気も下降した。戦後になってイギリスのスーパーマーケットが自社ブランドのシュルーズベリー・ビスケットの生産を開始したものの、その多くは伝統的なレシピから大きく逸脱した「ジャムサンドイッチ」にすぎなかった。

伝統的な正統派のレシピを受け継いだのは、インドのマハラシュトラ州プネー郡である。プネー郡のカヤーニ・ベーカリーはシュルーズベリー・ビスケットが有名な店だったが、そのビスケットは「地元の」名物だと思われていた。なおカヤーニ・ベーカリーは、ゾロアスター教徒によって1955年に設立された店だ。ゾロアスター教徒の多くはイギリス統治下のインドで親英派として知られていた。

◉保護されるビスケット

シュルーズベリー・ケーキは、ユーロテロノワール（欧州連合の規定で、ひとつの場所で少なくとも3世代にわたってその食品の記録があること）の資格を与えられたビスケットのひとつである。対象となったビスケットの多くは、原産地名称保護（ＰＯＤ）や地理的表示保護（ＰＧＩ）といった正式な認定を受けている。

これらに認定されているビスケットには以下のようなものがある。本書で紹介したクレタ島のパキシマディア。アンダルシア地方のエステパのポルボロン（ナッツ入りのショートブレッド）。シエナのリッチャレッリ（ライスペーパーに乗せて焼くひし形のマカロン）。チェコのカルロヴィヴァリスケ・オプラトキ（別名カールスバート・ウエハース。有名な温泉街発祥の繊細かつ精巧な文様が施されたウエハース）。そして１９５０年にカリシュという町で日曜の午後にプロスナ川のほとりを散歩しながら楽しめるようにと作られた、薄く平べったいウエハース、ポーランドのアンドルティ・カリスキエなどだ。

欧州連合のような政治的団体が地元の食料生産にまで口を出すべきではないという意見も多いものの、ビスケットに関して言えば、20世紀以降のこうした食への取り組みのおかげで、消滅もしくはほとんど忘れ去られていた可能性のあるビスケットやクッキーが保護され、広

世界的に有名なチェコの温泉地カルロヴィ・ヴァリのカールスバート・ウエハース。欧州連合から地理的表示保護の認定を受けている。

く認められるようになったのは事実である。

◉マーケティング

20世紀に入ると、国境を越えて地元のビスケットやクッキーを効果的に売り出す者が出現し、ビスケットはその郷土の菓子というだけでなく、国を代表する大使の役割を担うようになっていく。自国のプロモーションを得意とするイタリアは、20世紀においてもすばらしいマーケティングを展開し、食料、ファッション、デザイン、自動車などを通じてイタリアらしさを世界に送り出していった。

イタリアの北部ロンバルディア州にある基礎自治体サロンノは、アーモンドの代わりに粉末の杏仁を使ったほろ苦いマカロンで知られている。こうしたマカロンのなかでもっとも有名なものが「サロンノ・アマレット」だ。

これを開発したビスケット製造会社ラッツァローニによると、「サロンノ・アマレット」誕生の背景には、ある逸話があるという。1718年、ミラノの枢機卿がサロンノを訪問した際、あるカップルが杏仁ベースのマカロンを焼き上げ、それをふたりの愛のしるしとしてふたつひと組でラッピングして枢機卿に献呈したところ、枢機卿がとてもよろこんだこと

サロンノのアマレッティ。昔ながらのビスケットが見事に現代イタリアのマーケティングと輸出産業を成功に導いた。

がはじまりだという。

ラッツァローニは1970年代から1980年代にかけて、ひと組のアマレッティを包む薄紙をじょうごの形にし、それに火をつけるとじょうご内で充満した熱気が突如天井めがけて噴き出し、灰になった薄紙が地面へ向かってひらひらと落ちていくというパーティにぴったりな趣向を提案した。ヨーロッパやアメリカの旅行好きの家族なら、このおいしいお菓子の容器として生まれたラッツァローニ社の鮮やかな赤色のブリキ缶をひとつは持っているはずだ。

もうひとつのイタリアの伝統的なビスケット、昔ながらの二度焼き製法で作られるカントゥチーニ（ビスコッティ）は、アーモンドがたっぷり入った、素朴で甘いお菓子だ。最初に大きなパンのように細長いかたまりで焼き、それを斜めにスライスしたらさらに水分が飛ぶまで焼き上げる。トスカーナ州プラートの特産であるこのビスケットはイタリア全土で人気を博し、20世紀後半には世界各地のおしゃれなレストランで流行した。

カントゥチーニはアマレッティとは違って特定の有名メーカーのようなものはなく、レストランやデリカテッセンで手作りされることが多い。しばしば甘いワイン（とくにトスカーナのヴィン・サント）と一緒に供されるビスコッティは、ワインに浸してデザート代わりに食べられる。

二度焼き製法で作られるビスコッティは、最古のビスケットの形態のひとつ。

スコットランドのショートブレッド。生産数は年間数百万個にのぼる。

小さな国土とは裏腹に、スコットランドは世界有数のビスケット輸出国である。スコットランドのショートブレッドは、バター、砂糖、小麦粉といった基本的な材料を混ぜ合わせ、「ショート（サクサク）」に焼き上げるというごくシンプルなビスケットで、スコットランドを訪れる年間1500万人にのぼる観光客にも人気のお土産《みやげ》だ。

タータンチェックとバグパイプ奏者をデザインしたブリキ缶入りのショートブレッドで大成功を収めた製菓会社が複数あり、他にもスコッティ・ドッグ（スコティッシュ・テリア）型やペチコート・テール（かつて女性がパニエの下にはいていたベルフープ・ペチコートの裾を模したものと思われる）型といった、さまざまな形の「詰め合わせ」も販売されている。

商品のほとんどを大規模工場で製造していたスコットランドのショートブレッド・メーカーは、ビスケットに健全なイメージを持たせることに成功した。同時に、世界中のビスケットメーカーが20世紀のあいだずっと目指し続けていた高い品質を、さまざまな技術を駆使して実現もした。

◉アニマル・クラッカー

しかしもしあなたが1950年代のアメリカで育ったなら、（歌にまで登場した）アニマル・

クラッカーを避けて通ることはできなかっただろう。1902年にナビスコが発売したこの大ヒット商品は、バーナム・アンド・ベイリー・サーカスにヒントを得て誕生した（ただし、動物型の小さなビスケットは19世紀後半に動物好きのイギリスから輸入されたのが最初だという説もある）。

ビスケットそれ自体はカリカリとした非常にシンプルなものだ。最大の魅力はそのパッケージである（クリスマスツリーにぶら下げることができる紐付きの箱！）。1935年の映画『テンプルちゃんお芽出度《めでと》う』に主演した子役映画スター、シャーリー・テンプルが劇中で「アニマル・クラッカーズ・イン・マイ・スープ」を歌うと、アニマル・クラッカーの人気は不動のものとなった。その歌を記憶に焼きつけて育った人々が大人になった頃の1950年代、自分の子供にも同様に歌って聞かせたのである。

アニマル・クラッカーの人気は、同じ頃に書かれたクリストファー・モーリーの詩からもうかがえる。冒頭を引用する。「アニマル・クラッカーを食べながらココアを飲む／思うに、これが最高の晩餐ではないだろうか」

1970年代のイギリスでは、動物、子供、ビスケットのほのぼのとした組み合わせが人気となり、とくに、チョコレートバーの手法と同じく鮮やかな銀紙で包んだ、楕円形のチョコレートがけビスケット「ペンギン」ビスケットが大ヒットした。人気を後押ししたのは、

1935年の映画『テンプルちゃんお芽出度う』に出演した子役女優シャーリー・テンプルによってアニマル・ビスケットは不動のものとなった。

ペンギン・ビスケットは、1970年代のイギリスの広告キャンペーンにおける代表的な商品である。

人間の子供と交流する愛らしいペンギンたちの姿と、「パパパ・ピックアップ・ア・ペンギン」というキャッチーな台詞《せりふ》を繰り返すテレビコマーシャルだった。

アメリカでは、クッキーのマーケティングでは子供たちは強大な影響力を――「販売統計的に」だけでなく「実際に」――持っていた。というのも、アメリカのガールスカウトは、資金集めのためにさまざまなクッキーを毎年約2億箱売り上げていたのである。なかでも根強い人気を誇っていたのが、1951年に発売された「ティン・ミンツ（Thin Mints）」だった。

アメリカのガールスカウト、シャーリー・バートンが、同胞のフレーヴス・アースキン大将にクッキーを売っているところ（アメリカ、1945年）。

◉チョコチップクッキー――20世紀の象徴

どんなビスケットやクッキーにも物語のひとつやふたつはあるものだが、この時代でひとつだけ選べと言われたら、やはり20世紀の食の象徴、チョコチップクッキーだろう。現代のクッキーやビスケットにはめずらしく、チョコチップクッキーには（工業製品とは正反対の）人間くさい由来がある。1930年、栄養士で大学講師でもあったルース・グレイヴス・ウェイクフィールドは、マサチューセッツ州に家庭料理を提供する人気の宿屋「トールハウス」をオープンした。そして1937年に『トールハウスの絶対においしいレシピ *Ruth Wakefield's Toll House Tried and True Recipes*』を刊行するのだが、そこには偶然によって生まれたトールハウス・クッキーのレシピが掲載されていた。

ウェイクフィールドは、ネスレ社のチョコレートバーを細かくきざんでから溶かし、クッキー生地と混ぜ合わせてチョコレート・クッキーを作ろうと思っていた。しかし砕いたチョコレートのかけらが半分しか溶けず、生地にしっかり混ぜこむことができなかった。ところが宿屋の客たちがそのクッキーを気に入り、みんながこの作り方をまねしはじめた。おかげでニューイングランドではネスレ社の黄色いチョコレートバーの売上が急増したという。

これを知ったネスレ社は、パッケージにウェイクフィールドのレシピを印刷した「セミス

ネスレ「トールハウス」クッキーのブリキ缶。最初のチョコチップクッキー（アメリカ、1970年代）。

クッキーとミルクがアメリカでは定番の組み合わせ。

ウィート・モーセル」を急いで発売する。チョコチップの元祖となるこの菓子は、チョコレートバーをきざむ手間を省き、ホームベーカリーと巨大ビジネスを暗黙のうちに結びつけたのだった。

チョコチップクッキーの神秘性は、目まぐるしく移り変わる20世紀という時代においても生き残っていく。アメリカの女性にはお菓子を焼く時間はあまりなかったが、1953年に発売されたピルズベリー社のチョコレートチップ・クッキー・ミックスや、1957年に同社から発売された冷凍のクッキー生地アイスボックス・クッキーのおかげで、アメリカにおける家庭内の儀式、すなわちホームベーキングを短時間で行えるようになったのだった。

1977年、クッキー専門店「ミセス・フィールド」の創業者デビー・フィールドは、クッキーの店を開いても絶対にうまくいかないという批判にあらがい、カリフォルニア州で「ホームメイド」のチョコチップクッキーの店を開店した。店内で焼き上げられるクッキーの匂いは家庭のキッチンを想起させたという。20世紀が終わる頃には、ミセス・フィールドはアメリカ国内外で300を超える支店を持つまでに成長し、模倣する者まで現れた。

20世紀、ホームメイド感あふれるクッキーはアジアでも人気となり、また、伝統的かつ豊かなビスケット文化を持つフランスやイギリスにおいても好意的に迎えられた。製菓業界もこの需要を見過ごさなかった。20世紀後半のアメリカのベストセラー・クッキーのひとつ、

チップス・アホイ！は、アメリカはもとより、世界中に打った広告のおかげで何百万ドルという利益を生んでいる。

「チップス・アホイ！」がナビスコから発売されたのは１９６３年である。巧みな販売キャンペーンが数多く行われた。産業化によって簡単に品物が手に入る生活と、シンプルかつ伝統的な生活や食への切望のはざまで揺れるなか、チョコチップクッキーは現代の「フードウェイ」の多様性を象徴するものとなったのである。

フィグ・ニュートン。1891年に生産がはじまったアメリカのベストセラー・ビスケット。

第5章◉神話と変容——21世紀

この先、宇宙空間、もしくは巨大なガス惑星の衛星で、開拓者たちが進化したおいしいビスケットをお茶の時間に普通に食すようになる、という時代が来るのも楽しみである。

——スチュワート・ペイン『英国流ビスケット図鑑』（２００４年）

21世紀に入り、ビスケットとクッキーは本格的に世界を席巻する。さまざまな形で世界各地に存在するそれらは、24時間いつでも入手可能だ。その万能さによって新たな料理のトレンドに適応し、小さなサイズも、市場にとって都合がよかった。

チョコチップクッキーのように、ある国独自のビスケットも国境を越えて広がり、ブランド確立に成功した企業のおかげで、ある種のビスケットやクッキーは、北京でもボストンでも、バーミンガム、バンガロール、ブリスベンでも、等しく子供たちに親しまれている。

クランベリー入りのオートミール・クッキー。「ヘルシー」要素がシンプルなビスケットやクッキーのレシピに仲間入りした。

ビスケットやクッキーはもともとその由来が複雑だが、現代においても、製造、消費、アイデンティティといったさまざまな領域にまたがる複雑な役割を担っている。安価で産業化されたビスケットが素早く糖を補給するために手軽に消費されることもあれば、高品質な原材料を使って労を惜しまず飾り立てられたビスケットやクッキーが立派なホームベーキングの証となることもある。さらに、本職のベーカリーで高価な贈答品として購入されることもある。

21世紀の歴史はまだ始まったばかりだが、ビスケットやクッキー史における傾向は、いまのところ以下のように分類できる。まず、ホームベーキング・マニアとホームベーキングを題材にするメディア。つぎに、贅沢品としての地位を確立するビスケットやクッキー。最後に、既存製品の新たな市場を開拓するための精巧なマーケティング技術の高まり。

◉ホームベーキング

2008年にはじまった不景気のあおりを受け、世界的にホームベーキングが復活を果たしつつある。自宅のキッチンで節約しながらおいしいものを手に入れようという人々が増えているのだ。手作りビスケットの市場は巨大だ。その大きさは、『私を焼いて *Bake Me I'm*

Yours』や『クッキーの魔法 *Cookie Magic: Biscuits and Cookies with Big Attitude*』といったお菓子作りを称賛するレシピ本や、テレビゲームのキャラクターからマシンガンまで、さまざまな抜き型をはじめとする製菓道具のさまざまを見るだけでもわかる。

　イギリスの人気番組「ブリティッシュ・ベイクオフ」は、ビスケットやケーキなどさまざまな焼き菓子の腕前を競い合うアマチュア料理人たちに熱く迫る番組だ。2015年、番組のファンであるイギリスのデイヴィッド・キャメロン首相（当時）は、このシーズンの優勝者ナディア・フセインを支援すると宣言した。アメリカではライフスタイル・グル［ライフスタイル全般を提唱する専門家］のマーサ・スチュワートが、オンライン番組で手作りクッキーの腕前を競う番組のホストを務めている。

　とかく時間に追われる世の中で、リトアニアのグリブーカイ（キノコのビスケット）のような、非常に手間のかかるクッキーが今も普通に家庭で作られているというのは驚きだ。このビスケットを作るには、まずは糖蜜、牛乳、レモンオイルまたはレモンエクストラクトをあわせた生地で、キノコの柄と傘を形成する。柄と傘の部分は別々に焼き、あとから白いアイシングでくっつけるのだが、通常は大きなトレイにキノコたちを寝かせて作業をする。柄の部分はポピーシードをまぶして土に見立て、傘の部分は茶色のアイシングで彩色してからココアパウダーをふりかける。

リトアニアの「キノコ・ビスケット」。特別な日のための手間のかかるビスケット。

メロマカロナはギリシャのクリスマスの名物だ。

グリブーカイ同様に手間のかかるギリシャのクリスマス・ビスケット――メロマカロナは専門店でも売られているが、手作りしたものこそ本物だといまも多くのギリシャ人は思っている。ナッツを入れるかどうかはそれぞれの好みに任せるとして、基本的な材料はオリーブオイル、オレンジジュース、ハチミツ、そしてシナモンやクローヴといったスパイスだ。焼き上がったらハチミツとシュガーシロップを塗る。ギリシャの人々は、この手間のかかる作業にクリスマスの到来を実感する。

スカンジナビア半島での「本物」は、家庭で作られるペッパカーコル（スウェーデン）やピパルカック（フィンランド）だ。波形に縁どられた繊細でスパイシーなこのビスケットには数々のバリエーションが存在し、フィンランドの料理本を見ると、ピパルカックだけで100通りものレシピが掲載されている。名前は一見すると pepper（コショウ）から来ているように思えるが、実は古スウェーデン語の peppar が由来で、この言葉はコショウだけでなく香辛料全般を示す。

デンマークでは、ピワヌダーというビスケットのレシピは料理人の数だけ存在する。その呼び名さえ人によって異なり、ピワヌダー、つまりコショウナッツと呼ぶ人もいれば、ブンブロー（ブラウン・ブレッド）と呼ぶ人もいる。通常は小さなサイズで作り、アーモンドパウダーやハシバミのほか、カルダモン、シナモン、クローヴ、オールスパイス、ナツメグなどの香辛料を使用する。

家庭で楽しむためのものであれ、競技に出品するものであれ、手作りビスケットがプロの作る商品に匹敵するほど高品質なものであることは多い。実際、質の高いホームメイド・ビスケットと専門店のビスケットの境界線は曖昧になりつつあるが、この傾向をある意味では助長したともいえるラ・ヴァレンヌは、ひょっとしたらよろこんでいるかもしれない。

◉マカロンブーム

ラ・ヴァレンヌはまた、20世紀後半から21世紀にかけて進化を遂げた、あるビスケットの姿にも感銘を受けるかもしれない。ラ・ヴァレンヌがいまから4世紀ほど前にレシピを紹介してから急速に広まった、マカロンである。ここ20年ほどの経済および「ライフスタイル」の向上と並行し、贅沢品としてのマカロンの人気も、もはや人によっては執着に近いといえるほど上昇した。

基本的な作り方——メレンゲとアーモンドパウダーで作った生地に甘いものをはさむ——はほとんど変わっていないが、パリのピエール・エルメといった現代最高峰のペストリー職人が手掛けるマカロンは、オリーブオイル、バニラ、リコリス、スミレなどのフレーバーを

フレンチ・マカロン。さまざまな色やフレーバーを使ったマカロンは世界中で愛される贅沢品になった。

用いて、彩色や香りづけをふんだんに施すようなった。

その軽さややわらかさから工場で生産するのがむずかしいためか、マカロンは菓子職人の技術や発想を試すかっこうのテーマとなった。エルメは言う。


マカロンは数グラムの重さしかないが、それでもあなたがよろこびに打ち震えるには十分である。薄くサクサクとした生地、丸みを帯びた形、鮮やかな色彩、やわらかい中身に、マカロンファンたちの視線は釘付けとなり、あのなめらかな表面を愛撫せずにはいられない。かぐわしい香りに鼻孔がひくつき、サクサクの生地はひと噛みごとに耳がぞくぞく、そして最後に口内がよろこびで満たされる。[1]

見方によっては「反革命的」とも言えるマカロンは、軽やかなフィリングをはさんだ、色とりどりの繊細な品揃えで世界に名をはせた、老舗《しにせ》パティスリー「ラデュレ」帝国のもとで頂点に達した。

ヨーロッパ、中東、アメリカなどに点在するラデュレの支店の多くは、20世紀初頭のパリの「サロン・ド・テ」を彷彿とさせる喫茶室を――どちらかというと男性の支持者の多いカフェに代わって――女性のために提供した。こうした「サロン・ド・テ」はマカロンを称賛するものではなく、（ラデュレのオーナー、ダヴィッド・オルデーが最近語った言葉を借りれば）美しいもの同士が結びついた圧倒的な神話を創作し、「ボンボン・バスフォーム」や「ブドワール」のキャンドルといった、美容製品を生み出すことで事業の多様化を図ったのだという。

◉メディアとマーケティング

ほとんどのビスケットやクッキーは、チョコチップクッキーのように強力な後ろ盾もなければ、ラデュレのマカロンのように高級品でもないが、それでも（モンデリーズ・インターナショナル傘下の）ナビスコといった企業のマーケティング力のおかげで定番食品となっている。たとえばナビスコは「オレオ」の販売にあたり、その個性を巧みに打ち出している。オレオは、薄いクリーム（シュガーアイシング）を、その名前とナビスコのロゴがきざまれた2枚の硬いチョコレート・クッキーではさんだ「サンドイッチ」クッキーである。世界中で大ヒットしたこの商品は、１９１２年の発売以来、５０００億個が製造されている。同社はつねに時代を追いかけ、１９９０年代にはそれまでフィリングに使用してきたラードを部分水素添加植物油に、２００６年にはトランス脂肪酸を含まない非水素添加植物油に変えた。

オレオの食べ方は儀式めいている。ビスケットをはがし、最初にクリーム部分をすくうというのがお決まりだが、インターネットを検索するとほかにもさまざまな食べ方が見つかる。こうした趣向は、もともとはナビスコ自身が考案して箱に印刷したものだ。

彼らはオレオを「食」と「娯楽」――ふたつの異なる側面へ組み込む方法をつぎつぎと編み出した。たとえばマクドナルドのアイスクリーム、マックフルーリーのなかにオレオを投入したかと思えば、２０１１年には、南米で人気の３Ｄコンピュータ・アニメーション映画『ブルー初めての空へ』（原題 *Rio*）とコラボレーションを行い、オレオの箱に入ったステッカーを集めると、映画のチケットやリオデジャネイロ行きの航空券などが当たるキャンペーンを実施している。

バナナ味のドゥルセ・デ・レチェをサンドしたオレオが作られたのはアルゼンチンだが、オレオの進化がとくに際立っているのは中国だろう。

まず、中国人の好みに合わせて砂糖の量を減らし、価格を下げるためにパッケージを小さくした。そして中国にある30の大学から３００名の学生「オレオ大使」を募り、オレオの形をしたタイヤの自転車で何十万人もの人々にサンプルを配ってもらった。さらには、オレオを牛乳に浸す（ダンクする）食べ方を紹介するため、実際にバスケットボールの試合まで

中国のオレオ。ナビスコは各国の嗜好や文化に合わせて原材料やマーケティングを変えている。

セッティングした。

こうした活動は、子供が外側をはがしてクリームを食べてからビスケット部分をミルクに浸すというテレビコマーシャルの効果も相まって、中国仕様のオレオ・ウエハース・スティック（チョコレートとバニラクリームをはさんだチョコレート・コーティングされたウエハース）が発売されると、オレオは中国でもっとも有名なビスケットとなった。中国はオレオの海外での最大の市場となり、世界全体の年間収益は10億ドルの壁を突破した。

◉神話の創造

大企業が自社の商品の物語を創作するのだから、個人だってビスケットの神話作りに参加する。一部で熱狂的な人気を誇る『英国流ビスケット図鑑　おともに紅茶を』（2004年）［ハーディング祥子監訳／バベルプレス／2008年］は「ナイシー・アンド・ワイフィー」と称する夫婦が共同で記した名著で、ビスケット（と、紅茶にそれらを浸すというイギリスの文化）に対する現代の賛歌である。

実はナイシーが言及するビスケットのほとんどは工場で作られたものであり、その多くはハントレー・アンド・パーマーズ社をはじめとする19世紀に興ったイギリスのビスケット企

フォーチュンクッキー。日本に起源をもつこのクッキーは、アメリカ全土の中華レストランで食後に供される。

業の商品である。たとえば「カスタード・クリーム」は、繊細な渦巻き状のデザインが施された長方形のサンドイッチビスケットだが、実際にはさまれているのは「カスタード」ではなくバニラ風味のフォンダン［クリーム状をした砂糖衣の一種］だ（２００７年に行われた世論調査によると、10人中9人のイギリス人がカスタード・クリームを1番好きなビスケットに挙げている）。しかしナイシーはこのビスケットにつぎのような賛辞を送っている。

このビスケットは、おそらくどんなビスケットよりも、時空をワープし、私たちを過ぎ去った日々へと簡単に連れていく能力を備えている。その複雑華麗な装飾で、カスタード・クリームはこちらの想像力に挑んでくる。たとえば16世紀、それを昼前のお茶と一緒にかじっていたルーベンスやカラヴァッジオのような偉大な芸術家たちは、この渦巻き状の装飾からインスピレーションを得たのではあるまいか、などと思わず考えてしまうのだ。カスタード・クリームは20世紀においても変わらず家庭に常備され、21世紀になった今でもそれは変わらない。[2]

冗談交じりの口調とは裏腹に、その内容は敬意にあふれている。彼はビスケット（とクッキー）を、郷愁を誘う装置であると擁護している。その熱意は、完璧な材料と正統なレシピ

ヴィエニーズ・ワールズ（ウィーン風渦巻き）。オーストリアのペストリーに触発されたと言われているが、実はウィーンとはまったく関連のないイギリスの定番ビスケット。

の美徳を讃えるベーカリー職人や腕自慢の家庭料理人にも負けてはいない。もちろん、カスタード・クリームに使われている原材料や工程は健康的とはいいがたい。が、ナイシーの主張は、それを食べる経験にある。郷愁は、食の好み同様、きわめて個人的なものだが、ビスケットやクッキーを食べるよろこびそのものは普遍的であるといえるだろう。

紛れもないイギリス人であるナイシーは、ビスケットやクッキーにおけるある種の予言者といえるかもしれない。過去だけでなく未来にも目を向ける彼は、ビスケットやクッキーがつねに何らかの役割を果たす国際社会を予見しながら、実話、半分実話、一部だけ実話、あるいはそのすべてを合わせた物語をこの先も発信しつづけていくに違いない。この物語には、ありとあらゆる既存の、あるいはまだ見ぬビスケットやクッキーが登場する。その数はゆうに数百万にのぼるはずである。

付録　死ぬまでに食べたいビスケット54

アヴィオリットピックレイパ　avioliitopikkuleipä（フィンランド）
名前の意味は「結婚指輪」。指輪型になっていることも多いシンプルなバタークッキー。イチゴジャムがサンドされている。

アシュボーン・ジンジャーブレッド　Ashbourne gingerbread（イギリス）
アシュボーン・ジンジャーブレッドは、地元のベーカリーや企業のおかげで生き残った地域特産ビスケットの実例である。ダービシャー州アシュボーン生まれのこの菓子は、ベーカリーを営むスペンサー家によって遅くとも19世紀の初頭には作られていた。この菓子が受け継がれてきた要因には、ダービシャーが観光地として人気があったことも挙げられる。いつのまにか消えてしまうビスケットと残り続けるビスケットの差は、それがきれいに包装された土産物として人々に贈られてきたかどうかであることが多い。アシュボーン・ジンジャーブレッドは卵を使用しておらず、他のジンジャーブレッドに比べてかなりあっさりしている。シトラスピールの砂糖漬けを使用しているのも特徴だ。

アバネシー　Abernethy（スコットランド）

アバネシーには由来がふたつある。ひとつは、かつてスコットランドに存在したピクト王国の領地アバネシーで作られたという説。もうひとつは19世紀初頭のロンドンの外科医アバネシー医師の提案で、聖バーソロミュー病院近くのベーカリーが、砂糖とキャラウェイシードを追加して硬い乾パンを改良して人気となったビスケットに、ベーカリーの主人ジョン・コールドウェルがアバネシー医師の名前をつけたという説。もともとこのビスケットにはバターはほとんど使われていなかったが、現在はバターの量が増えたおかげでしっとり感が増し、キャラウェイシードは使用されていない。表面に穴が開いているのが特徴。

アフガン　Afghan（ニュージーランド）

ニュージーランドなのになぜ「アフガン」なのか、名前の由来は不明だが、昔から国民的な食べ物とされてきた。原材料はコーンフレーク、ココアパウダー、バター、砂糖、小麦粉で、トッピングはチョコレートのアイシングと半分に割ったクルミ。

アルファフォール　alfajor（アルゼンチン／南米）

厚みのあるショートブレッド風の生地で、キャラメルやドゥルセ・デ・レチェなどをサンドしたビスケット。とくにアルゼンチンでは、非常にポピュラーな軽食、おやつである。もともとナッツ、ハチミツ、香辛料などを使用していたアラブ発祥のこの菓子は、ムーア人統治時代のスペインに伝わり、19世紀になると、スペイン統治下の植民地で原材料の不足を補うために現在の形態になった。

イシェラー・トルテレッテ　Ischeler tortelette（オーストリア／ハンガリー）

オーストリア＝ハンガリー帝国の遺産。アーモンドパウダーを使った精緻なビスケットにアプリコットジャムをサンドしたもの。

ヴィーナステンゲル　Wienerstänger（スウェーデン）

てっぺんにイチゴジャムがかかったビスケット。すりおろしたレモンの皮で風味をつけ、砂糖でアイシングをする。

オートミール・クッキー　oatmeal cookie（アメリカ）

20世紀になって健康食品から菓子へと分類されたクッキー。いまでも身体に良さそうなイメージは残っているものの、原材料に含まれるバターや砂糖の分量によっては健康的とは言いがたい。このクッキーが成功したのは、自社ブランドの人気オートミールのパッケージにレシピを印刷したクエーカーオーツ社の功績だろう。

オーハラピパリト　ohrapiparit（フィンランド）

大麦粉で作るやわらかいビスケット。大麦は熟す速度が速いことから寒い気候で生産される。グルテンの含有量が少ないため、食感がやわらかくなる。

カニストレリ　canestrelli（コルシカ／フランス）

小麦粉、白ワイン、砂糖でできたサクサクとした四角いビスケット。レーズン、アニシード、ナッツ、チョコチップ、レモンを加えたり、小麦粉の代わりにチェスナッツ・フラワーを使用したりすることもある。プロヴァンス地方で人気。

グライビ　graibi（レバノン／シリア）

レバノンとシリアで人気のこの菓子は、ふたつの異なる食感で楽しませてくれる。外側はサクサク、内側は舌でとろけるよう。この食感は、通常のバターよりも水分量の少ない焦がしバターを大量に使用することで生み出される。

クラビエデス　kourabiedes（ギリシャ）

丸い形と三日月型があるが、どちらかといえば三日月型のほうが一般的。特別な日や宗教関連の祝日に作られる。砕いたアーモンドを練り込んだ生地は成形前に冷やしておく。焼き上がったら粉砂糖の上で転がす。通常バニラで香りづけされることが多いが、バラ水やメタクサのブランデーで風味をつけることもある。アゼルバイジャンのようなペルシャの影響を受けた国にも類似のビスケットが存在し、ヨム・キプルの断食明けの食として、アシュケナジ、セファルディム、いずれのユダヤ人のあいだでも星型のクラビエデスが食される。

クルムカーケル　krumkaker（ノルウェー）

ウエハースの子孫であるクルムカッケは、16世紀に誕生した。一度に2枚の生地が焼ける鉄製の器具を使用して作られるのだが、その多くに凝ったデコレーションが施されている。

昔は直接器具を火にかけて焼いていたが、現在はくっつかない電気アイロン［小さいホットプレートのようなもの］を使用する。熱々の生地を器具から取り出したら、特製の型に巻きつけてコーンの形にし、ホイップクリームとクラウドベリー、またはクラウドベリーのジャムを詰める。

サブレー　sablé（フランス）
名前は「砂っぽい」という意味。これは若干じゃりじゃりとした食感を指すものだが、豊かなバターの風味がその食感をカバーしている。19世紀のノルマンディーに起源を持つ。

サラティーニ　salatini（イタリア）
さまざまなセイボリー［おつまみ］を内包する言葉だが、前菜と一緒に供されるクラッカーのようなビスケットを指すことが多い。しばしばチーズやハーブ、スパイスなどで香りづけされる。

ザレーティ　zaleti（イタリア／ヴェネツィア）
カギとなる原材料はポレッタ（トウモロコシの粉）で、これの色が出て黄色くなる。レーズン、ラム、牛乳が入った長い楕円形のビスケット。名前の意味はヴェネツィアの方言で「小さくて黄色いあいつ」。

ジャミー・ドジャーズ　Jammie Dodger（イギリス）

2枚の丸いショートブレッドでジャムをはさんだサンドイッチビスケット。ビスケットの真ん中が小さなハート形にくりぬかれており、そこからのぞく鮮やかな赤いジャムが印象的。今なお斬新さを感じさせる大人気のビスケット。

ジンジャーナッツ／ジンジャースナップ　ginger nut/ginger snap（複数国）

スパイスに凝っていた中世の、おそらく一番わかりやすい名残を残したビスケット。形や大きさはさまざまだが、ジンジャーパウダーで風味付けされる点は共通しており、硬く歯ごたえのある食感のものが一般的。たいていは割ると「パキッ」と音がする。現代では機械で生産され、アメリカやイギリスをはじめとする多くの国で高い人気を博している。ニュージーランドではジンジャーナッツと呼ばれ、書籍『60ミリオン・ジンジャーナッツ *60 Million Gingernuts*』によると、ニュージーランドでは毎年6000万種類ものジンジャーナッツが生産されるほど日常生活に根づいているのだそうだ。

スニッカードゥードゥル　snickerdoodle（アメリカ）

ナツメグ風味のナッツやレーズンがたっぷり入ったクッキー。発祥はペンシルベニア・ダッチ［17世紀から18世紀にかけてドイツ語圏からアメリカ合衆国に移住した人々の子孫で形成された］コミュニティ。

ソートクーキース　soetkoekies（南アフリカ）

噛み応えのある砂糖とスパイスのクッキー。南アフリカに移住したオランダ人の遺産。ワインやシェリーを加える場合もある。

ソスピーリ　sospiri（イタリア／サルディーニャ島）

ソスピーリ（ソスピーロ）はサルディーニャ語で「ため息」を意味する。ボール型のこのビスケットは、アーモンド、卵白、砂糖をベースにしたビスケットのさらに別のバージョンである。レモン風味の糖衣がまぶされている。

ターイ・ターイ　taai-taai（オランダ）

クリスマスに作られるしっかりとした歯ごたえのビスケット。ライ麦粉のほか、糖蜜、ハチミツ、シロップのいずれかを加えるが、脂肪分は加えず、アニスで香りづけする。カーブした型に入れて焼くのが昔ながらの製法。ビスケットで聖書の場面を再現している。19世紀に工場生産がはじまった。

ダイジェスティブ　digestive（イギリス）

イギリスをはじめ世界中で大人気の万能でヘルシーなビスケット。名前の由来は、ある農夫が、胃酸を中和する働き（制酸効果）があると信じたため。全粒粉を使用した丸い形のビスケットは、少し粗くて素朴。さほど甘みはなく、塩気があり、チーズ（とくにチェダー）によく合う。またチョコレート・ダイジェスティブも人気が高く、表面のチョコレートにはミルクチョコレート、ダークチョコレートの双方が使用されている。

ドロンメル・イ・オルキナンス・サンド　drømmer I ørkenens sand（ノルウェー）

〝ドリーム〟ビスケットとしても知られるこの菓子は、原材料の焦がしバター（といっても焦げているわけではない）がコクを与えている。バニラで風味付けし、天板に載せて焼く。

ナンカタイ　nankhatai（インド）

ギー［食用に用いるバターオイルの一種］、砂糖、小麦粉、ベサン粉、セモリナ粉を混ぜてカルダモンで香りづけする、インドの家庭で作られる伝統的なビスケット。最近はベサン粉やセモリナ粉は使わず小麦粉のみを使用する傾向にある。オーブンのない家庭では、2枚の皿のあいだに渡したトレイに生地を載せて直接コンロの火で焼くか、または近所のベーカリーへ持ち込んで焼いてもらっていた。古代から続くヒンドゥー教の光のフェスティバル「ディーワーリー」でよく食べられる。マカロンのような丸い形のビスケットで、真ん中にチロンジ（アーモンドの味に似た大きな種子）を飾ることが多い。ホロホロとほどける食感はショートブレッドにそっくりだが、なかにはこのように比較されることすら拒否し、ナンカタイは純粋なインドの菓子だと主張する者もいる。

ニップリングスケーヤ　kniplingskager（デンマーク）

デンマークの「レース・クッキー」。原材料のオーツ麦フレークが「レース」のようなまだら模様を生み出す。

バーチ・ディ・ダーマ　baci di dama（イタリア）

名前の意味は、その形にちなんで「貴婦人のキス」。巧みなマーケティングと（しいて言えば）その魅力的な形で有名になった、地方色豊かなビスケットである。発祥はイタリアのピエモンテ州。現在ではイタリア全土で販売されている。

バイコリ　baicoli（イタリア／ヴェネツィア）

伝統的な二度焼き製法で作られる甘いビスケット。長時間醱酵させた生地を焼いて2～3日寝かせ、薄くスライスしてからふたたび焼く。同じ製法の、今も伝わるカントゥッチ（ビスコッティの一種）とは異なり、バイコリにはバターが使用されている。ヴェネツィアの方言がデザインされたブリキ缶に入っているのが一般的で、甘いワインやホットチョコレートに浸して食べられることが多い。

パスティチーニ・ディ・マンドルレ　pasticcini di mandorle（シチリア）

やわらかく、もっちりしたアーモンドベースのクッキー。チェリーの砂糖漬けやアーモンドをトッピングする。マジパンを連想させるものもある。

ハッスルヌーズスモケーヤ　hasselnødssmakåger（デンマーク）

炒ったヘーゼルナッツを使用したビスケット。ヘーゼルナッツを砕いて混ぜ込むことでビスケットが濃い茶色になる。表面にはフォークの先で十字模様がきざまれている。

バニラキプフェル　vanillekipferl（オーストリア）

とくにクリスマスによく作られる、バターのたっぷり入った三日月形のビスケット。三日月形の由来は、ウィーンの戦いでオスマントルコを破った1683年にさかのぼり、（その勝利を記念して）トルコ旗の三日月をモチーフにしたと伝えられているが、信憑性は薄い。

ハンナ＝タディン・カクート　Hanna-tädin kakut（フィンランド）

「ハンナおばさんのクッキー」。淡い黄金色のビスケットで、店でも売っているが、家で作ることもある。材料に使用されるクリームが軽い食感を与えている。

ピーナッツバター・クッキー　peanut butter cookie（アメリカ）

1930年代に、アメリカのピーナッツバター好きにはまって人気となったクッキー。チョコチップクッキーやオートミール・クッキーと並んでホームベーカリーの中心を担う。

ビスクィットシューバールスッペ　biskuitschöberlsuppe（オーストリア）
濃厚なビーフ・ブロスにひし形のビスケットが入ったスープ。ビスケットの材料はバター、卵黄、牛乳、小麦粉。香りづけにナツメグを使用。

ビスコッティーニ・アル・アニス　biscottini al'anice（イタリア）
アニシード・ビスケットは、さまざまな原材料や形状（共通するのはアニスの実）で、イタリア全土で作られている。アニスの香りを強調するためにアニスのリキュールを使用するものもある。サルディーニャ島では白ワインと一緒に供される。

フィグ・ニュートン　Fig Newton（アメリカ）
イチジクの詰まったこのクッキーは、1891年にイチジク好きのパン屋が考案し、やがてレシピと機械がマサチューセッツのある会社に引き継がれ、その後ナビスコの手に渡った。名前はマサチューセッツ州のニュートン市に由来する。フィグ・ニュートンはナビスコのベストセラー商品のひとつで、最近ではイチゴなど別のフルーツをフィリングとして使用した商品も製作されている。

フォーチュン・クッキー　fortune cookie（アメリカ）

フォーチュン・クッキーはサクサクとした甘さ控えめのプレーンクッキーで、ふたつに折り曲げられたクッキーのなかに「おみくじ」が入っている。内容は、たとえば「あなたは別の時間の人である」「真実を愛し、過ちを赦せ」など、意味深なものからくだらないものまでさまざまだ。アメリカの中華レストランで見かけることが多く、通常は食後に出てくるが、カットされたオレンジなどと一緒に提供されることもあり、デザートとしての役割とともに、話の種としても機能する。趣向を凝らしたバージョンとして、チョコレートに浸したフォーチュン・クッキーのなかにプロポーズの言葉や婚約指輪を仕込んでおき、一風変わったプロポーズを演出することもできる。

フューネラル・ビスケット　funeral biscuit（イギリス）

ビクトリア朝時代のイギリスの葬式において重要な役割を果たしていたビスケットは、死亡通知が印字された紙、もしくは聖書の引用が印字された紙に包まれたビスケットで故人の死を知らせたり、参列者に返礼品として配られたりしていた。

ブランデー・スナップス　brandy snap（イギリス）
　バター、小麦粉、砂糖、ゴールデンシロップでできた生地を、温かいうちに木製のスプーンの柄に巻きつけてロール状にし、穴の中にホイップクリームを注入して作る薄いレース状のスティックビスケット。デカダンス気分を味わえる手軽な一品。風味付けにはレモンジュースとナツメグが使用されるが、作り手の好みによってはブランデーを使用することもある。本来ブランデーは欠かせない材料だったが、時代とともに任意の材料となった。

プレッツル　pletzl（東ヨーロッパ／ユダヤ）
　このサクサクの伝統的なビスケットを作るのに使われるスポンジ生地は、甘かったり、レモン風味だったり、塩味があったりするが、塩味のあるスポンジケーキは玉ねぎやケシの実が使われている。生地は昔から卵で膨らませており、脂肪分は含まれていないため、ユダヤ教の食事規定に則ったものとなっている。

ホブノブ　Hobnob（イギリス）
　工場生産が主流になった現代のなかでもさらに新しいビスケットで、１９８０年代にマクビティの会社が発売すると同時に大ヒットした。オーツの食感が、大量生産とは思えない素朴な品質を生み出している。

ポルボロン　polvorone（スペイン／メキシコ）

スペインのアンダルシア地方の銘菓。原材料にラード、ナッツまたは香辛料を使用し、表面に粉砂糖をまぶす。ひとつずつキャンディのように薄紙で包まれている。

マアモール　ma'amoul（中東）

ピスタチオ、アーモンド、デーツなどをショートブレッド風の生地で包み込んだビスケット。通常、装飾の施された木型を使って成形されるこの焼き菓子は、とくにレバノンで人気が高く、レバノンではキリスト教、イスラム教、いずれの宗教関連の祝日でも大きな役割を果たしている。

マリア　Maria（スペイン）

スペインでもっとも人気のあるビスケット。エディンバラ公爵とオーストリアのマリアの結婚を記念して1875年にイギリスで製作。丸いビスケットの表面にはふたりの名前が刻印された。スペインで広まったのはスペイン内戦後だ。

ミラノ　Milano（アメリカ）

１９３７年にマーガレット・ラドキンが設立したアメリカの企業、ペパリッジファームが商標登録しているクッキー。会社の名前ペパリッジファームは、ラドキンが家族で営んでいたコネチカットの農場にちなんだもの。１９５０年代にヨーロッパを旅したラドキンは、旅先で見かけたビスケットの数々に感動し、アメリカに持ち帰りたいと望む。ほどなくしてペパリッジファームは片面をチョコレート・コーティングしたナポリのビスケット（スポンジ・ビスケット）の生産を開始する。しかし互いにくっついてしまうため、チョコレートを真ん中にはさむ現在のサンドイッチ形式に変更された。

ヤンハーホル　janhagel（オランダ）

貧しい人々のためにわずかな生地をかき集めて焼いたのがはじまり。ヤンハーホルは大衆や群衆を意味する。ハーホルは雹《ひょう》のことで、19世紀にあるパン屋がもともとのレシピを「改良」して、アーモンドと砂糖をトッピングした。

ユールペッパカーコル　julpepparkakor（スウェーデン）

ジンジャーナッツは年中供されるが、クリスマスには、農場と家畜、子供、おばあちゃんとおじいちゃんなど、さまざまな形のジンジャーナッツを楽しむ。

ラング・ド・シャ　langue de chat（フランス）

材料にクリームを使用した、薄くて繊細、長方形のビスケットは、しばしばフルーツやシャーベットに添えて供された。名前の意味は「猫の舌」。

リッチ・ティー　rich tea（イギリス）

表面に規則正しい穴が並んだ、あっさりして気取りのない丸いビスケット。甘すぎないこのビスケットは、イギリスのお茶の時間になると、紅茶やコーヒーと一緒に必ずと言っていいほど供される。ビスケット好きの多い国で、場所を選ばずどんな人にもよろこばれる頼もしい一品。

リッチャレッリ　ricciarelli（イタリア／シエナ）

トスカーナ州シエナの銘菓。ひし形のビスケットはライスペーパーを敷いて焼く。原材料はアーモンド、砂糖、卵白で、外はサクサク、中はしっとり。伝統的な製法（この場合はマカロン）を地域ごとに発展させ、その地域特有のビスケットとなった実例。

リプヨーシュキ　Lepeshki（ロシア）

焼き菓子の多くにこの名が使われているが、サワークリームを加えたアーモンドシュガー・クッキーは別格である。

ルシッカレイヴァット　lusikkaleivät（フィンランド）

この「ティースプーン・クッキー」は焦がしバターを使用し、天板に載せる前にティースプーンを使って成形する。粗熱が取れたらふたつのビスケットでイチゴジャムをサンドする。ポフヤンマー県西部の名物。

ローグカーコル／ルイスカクート　ragkåkor/Ruiskakut（スウェーデン／フィンランド）

スウェーデンやフィンランドの中心的食品、ライ麦パンのローフに似せて作られたもの。ただしこちらは小ぶりで、ライ麦粉を使ったシンプルなバタークッキー。ライ麦パンと同じく真ん中に穴が開いている。

ロッケケーヤ　rokkekager（デンマーク）

さまざまなドライフルーツ、スパイス、ナッツが入った手の込んだドロップ・ビスケット。

通常は2、3種類のナッツやフルーツを使用する。

謝辞

リアクション・ブックスのマイケル・リーマン、レベッカ・ラトナヤキ、エイミー・ソルター、エイミー・セルビーに感謝の意を表したい。料理史研究家仲間のアイヴァン・デイ、ジェイン・リヴァイ、ローラ・メイソン、ヘレン・セベリ、バーバラ・ケッチャム・ウィートンにも感謝を。彼らには励ましや刺激を何度ももらい、さまざまな提案をいただいた。切れ者で臨機応変な写真編集者のトミー・タボーン＝レットにも感謝している。そして最後に、ステファン・クコスの絶え間ないサポートにも心よりお礼申し上げる。

訳者あとがき

本書を訳しながら、何度クッキーを買いに走ったことだろう。ウォーカーのショートブレッド、ビスコッティ、チョコチップクッキー……。夜中にもぐもぐと頬張りながら、世界各国のクッキー（ビスケット）がいとも簡単に手に入ることにあらためて驚き、しみじみと感謝の念（と背徳感）を覚えること数知れず。それもこれも、先人たちの努力のたまものである。もともとは味もそっけもない、生きるための栄養源だった乾パン。それが砂糖の流通、産業革命による機械生産の発展にともなって、おいしく手軽なクッキー（ビスケット）へと変貌し、こうして日々、私たちのもとに届けられている。

本書『お菓子の図書館　ビスケットとクッキーの歴史物語』（原題 *Biscuits and Cookies: A Global History*）は、イギリスの Reaktion Books が刊行している The Edible シリーズの一冊である。数々の食べ物にスポットライトを当てたこのシリーズは２０１０年、料理とワインに関する良書を選定するアンドレ・シモン賞の特別賞を受賞した。

著者のアナスタシア・エドワーズはライター兼食物史の研究家で、イギリスのＢＢＣラジオに出演した際、ビスケットについて熱く語っている。本書の序章でも、これらの菓子をアメリカ流の「クッキー」ではなく「ビスケット」と呼ぶとわざわざ断りを入れるあたりに、ビスケットの「伝統国」出身のプライドが垣間見えて面白い。

日本では、どちらかといえば「クッキー」の呼び名のほうが一般的だと思うが、これはやはりアメリカの影響が強いからだろう。クッキーの語源はオランダ語の「クーキエ（koekie）」だとされ、オランダからの移民がこの菓子を北米に伝えた際に、英語で「クッキー」になったといわれている。ちなみに、アメリカでビスケットといえば、いわゆるスコーンのようなものを指す。このあたりの説明は本書にくわしく書かれているので、まだ本文を読まれていない方はぜひとも一読していただき、ビスケット（クッキー）の歴史を楽しんでいただければ幸いである。

本書では、ビスケットがいつ、どのような形で誕生し、いかなる役割を担いながら現在の形に定着していったのか――船乗りの命をつなぐだけの簡素な栄養源だったビスケットが、現代においてなくてはならない嗜好品に変わっていくようすなど――が、数々の資料をもとに紐解かれている。また「素朴な手作り」クッキーで成功を収めた「ミセス・フィールド」や、いまや贅沢品の象徴ともいえるマカロンの老舗「ラデュレ」のマーケティング戦略の背景なども描かれていて興味深い。

本書の巻末に収録された世界各国のビスケットのリストにも、ぜひ目を通していただきたい。これを眺めているだけでも、ビスケットの歴史の深さと多様性に圧倒されるし、おそらくは初めて耳にするビスケットもたくさんあって、どんな味だろうと想像するだけでも楽しいはずだ。いや、もっと本音を言えば、英語以外の名称をカタカナに訳出するのがとても大変だったので、できれば読み飛ばさないでいただけると苦労が報われてありがたい。

難解だった北欧の言語（スウェーデン語、ノルウェー語、フィンランド語）に関しては、スウェーデン人と日本人の友人夫妻に協力いただいた。この場を借りてお礼を申し上げる。また、翻訳会社リベルのみなさん、訳出に際して多くの指摘と助言をくださった原書房の中村剛さんに感謝の気持ちを伝えたい。どうもありがとうございました。

2019年12月

片桐恵理子

under conditions imposed by a Creative Commons Attribution-Share Alike 3.0 Generic License; VD, the copyright holder of the image on p.112, and Wellcome Collection, the copyright holder of the images on pp. 53 and 83, have published them online under conditions imposed by a Creative Commons Attribution-Share Alike 4.0 Generic License.

写真ならびに図版への謝辞

図版の提供と掲載を許可してくださった方々に著者、編者一同よりお礼申し上げる。一部掲載作品について以下に簡単に紹介させていただく。

Alleko/iStock images: p. 102; Antonio Gravante/Alamy Stock Photos: p. 45; billnoll/iStock images: p. 79; CTK/Alamy Stock Photos: p. 108; Chris Dorney/Shutterstock: p. 117; D. Pimborough/ Shutterstock: p. 143; digitalreflections/Shutterstock.com: p. 120; Fabrizio Troiani/Alamy Stock Photos: p. 40; Gemäldegalerie, Berlin: p. 73; George W. Bailey/Shutterstock: pp. 94, 123; Highviews/Shutter stock: p. 68; igermz/iStock images: p. 27; The J. Paul Getty Museum: pp. 18, 58; Jiri Hera/Shutterstock.com: p. 141; Keith Homan/Shutterstock: p. 93; Library of Congress, Washington, DC: p. 30; Luigi Morbidelli/iStock images: p. 29; The Metropolitan Museum of Art, New York: pp. 9, 10, 22, 33, 35, 95; MillefloreImages/iStock images: p. 101; Mitzy/Shutterstock: p. 89; Moskwa/Shutterstock: p. 38; Olexandr Pan chenko/Shutterstock: p. 65; OnlyFabrizio/Shutterstock: p. 110; Paul Fearn/Alamy Stock Photos: p. 97; Pixabay (Wikimedia Commons): p. 135; private collection: p. 55; Pxhere (Wikimedia Commons): p. 121; Rijksmuseum, Amsterdam: p. 61; Science Museum, London/image Wellcome Trust: p.16; Shootdiem/iStock images: p. 20; Siyapath/Shutterstock: p. 105; photo Stella/Shutterstock.com: p. 132; Steve Speller/Alamy Stock Photos: p. 104; Svetl/iStock images: p. 6; Tang Yang Song/Shutterstock: p. 139; Urbanbuzz/Shutterstock: p. 84; Yale Centre for British Art, Paul Mellon Collection, New Haven, CT: p. 8; ziashusha/Shutterstock.com: p. 131.

Foodista, the copyright holder of the image on p. 63, Fugzu, the copyright holder of the image on p. 48, Meal Makeover Mums, the copyright holder of the image on p. 128, Rebecca Siegel, the copyright holder of the image on p. 77, and United States Marine Corps Archives, the copyright holder of the image on p. 118, have published them online under conditions imposed by a Creative Commons Attribution-Share Alike 2.0 Generic License; Editor at Large, the copyright holder of the image on p. 43, and Dave Souza, the copyright holder of the image on p. 113, have published them online under conditions imposed by a Creative Commons Attribution-Share Alike 2.5 Generic License; Michel Wal, the copyright holder of the image on p. 13, has published it online

室井宣子共訳／バベルプレス／ 2008年]
Pagrach-Chandra, Gaitri, *Windmills in my Oven: A Book of Dutch Baking* (Totnes, 2002)
Patent, Greg, *A Baker's Odyssey: Celebrating Time-honoured Recipes from America's Rich Immigrant Heritage* (Hoboken, NJ, 2007)
Perry, Charles, *A Baghdad Cookery Book, Petit Propos Culinaires 79* (Totnes, 2005)
Power, Eileen, *The Goodman of Paris (Le Ménagier de Paris): A Treatise on Moral and Domestic Economy by a Citizen of Paris, c. 1393* (London, 1992)
Price, Rebecca, *The Compleat Cook, or Secrets of a Seventeenth-century Housewife*, compiled and introduced by Madeleine Masson (London, 1974)
Rose, Peter, *Matters of Taste: Dutch Recipes with an American Connection* (Albany, NY, 2002)
Scully, Terence, *La Varenne's Cookery: A Modern English Translation and Commentary* (Totnes, 2006)
Wheaton, Barbara Ketcham, *Savouring the Past: The French Kitchen and Table from 1300 to 1789* (London, 1983)

参考文献

Barnes, Donna R., and Peter G. Rose, *Matter of Taste: Food and Drink in Seventeenth-century Dutch Art and Life* (Albany, NY, 2002)

Cahn, William, *Out of the Cracker Barrel: The Nabisco Story from Animal Crackers to Zu-zus* (New York, 1969)

Corley, T.A.B., 'Nutrition, Technology, and the Growth of the British Biscuit Industry, 1820-1900', in *The Making of the Modern British Diet*, ed. Derek J. Oddy and Derek S. Miller (London, 1976), pp. 13-25.

—, *Quaker Enterprise in Biscuits: Huntley and Palmers of Reading, 1822-1972* (London, 1972)

Dalby, Andrew, *Food in the Ancient World from A to Z* (London, 2003)

Davidson, Alan, *The Oxford Companion to Food* (Oxford, 1999)

de Moor, Janny, 'The Wafer and its Roots', in *Look and Feel: Oxford Symposium on Food and Cookery 1993*, ed. Harlan Walker (Totnes, 1994), pp. 119-27

Grocock, Christopher, and Sally Grainger, *Apicius* (Totnes, 2006)

Hyman, Philip, and Mary Hyman, *Food: A Culinary History from Antiquity to the Present* (New York, 1999)

Iaia, Sarah Kelly, *Festive Baking: Holiday Classics in the Swiss, German, and Austrian Traditions* (New York, 1988)

Jones, Malcolm, *The Secret Middle Ages* (Stroud, 2002)

Mason, Laura, with Catherine Brown, *Traditional Foods of Britain: An Inventory* (Totnes, 2004)

Massialot, François, *The Court and Country Cook*, trans. from the French by 'J. K.' (London, 1702)

May, Robert, *The Accomplisht Cook, or The Art and Mystery of Cookery* (London, 1685)

Mintz, Sidney W., *Sweetness and Power: The Place of Sugar in Modern History* (New York, 1985)［シドニー・W・ミンツ著『甘さと権力——砂糖が語る近代史』川北稔・和田光弘訳／平凡社／1998年］

'Nicey' and 'Wifey', *Nice Cup of Tea and a Sit Down* (London, 2007)［スチュアート・ペイン著『英国流ビスケット図鑑——おともに紅茶を』ハーディング祥子監訳／小栗千津子・岸田せい子・曽我佐保子・滝宮ルリ・前川由江・

レシピ集

歴史的なビスケット

ビスケットの初期の時代，すなわち現在ほど菓子作りの技術も科学も発達していなかった時代へみなさんをお連れする。

ボンヌフォンの「ビスケット・デュ・ロイ」のレシピ（56～57ページ参照）をはじめ，こうしたレシピはビスケット史の歩んできた道程といえるだろう。計量や温度の不正確さには戸惑うかもしれないが，それもまた冒険の一部であり，言葉や絵で見るよりも，現代の省エネ装置が導入される前の焼き菓子作りをずっとリアルに感じられることと思う。

未知のものに取り組むような気分を味わうだけでなく，実際に出来上がったビスケット（ただしマカロンとトールハウス・クッキーはのぞく）も，あなたが知っているビスケットとは味や食感が異なるはずだ。

◉ランボール

最初のレシピは，何度も増刷された手のひらサイズのレシピ本，ヒュー・プラット『淑女の楽しみ *Delightes for Ladies*』（ロンドン／1602年）より。

私はこれを作るのに，ショートケーキ［日本のショートケーキとは異なり，ショートブレッドに似たビスケット］の代わりにショートブレッド，市販のアーモンドパウダー，1個半分のレモン汁を使ったらうまくできた。一度焼いた後，（ビスケットが硬かったので）金粉をふりかけ，もう一度低い温度のオーブンに入れ，全部で20分ほど焼いた。

1. ペースト状になるまですりつぶしたアーモンド250*g*，細かく砕いたショートケーキ，キャラウェイシード55*g*，レモン汁を用意する。
2. 材料をあわせてペースト状にし，棒状にのばしたら，生地を結んでオーブンで焼く。
3. 焼き上がったらバラ水と砂糖でアイシングし，さらに羽を使ってかき混ぜておいた卵白を塗り，ふたたびオーブンに入れてしばらく待つ。
4. 最後に白い糖衣できれいに飾りつけ，箱詰めする。保存期間は約1年。

◉マカロン

つぎに紹介するのは，歴史的なレシピのなかでも，とくに簡単なレシピのひとつである。ラ・ヴァレンヌ『フランスのパティシエ *Le Pâtissier François*』（1653年）をテレンス・スカリーが翻訳

した『ラ・ヴェレンヌの料理：現代英語訳と論評 *La Varenne's Cookery: A Modern English Translation and Commentary*』（Totnes ／ 2006年）の459ページを参照した。ラ・ヴァレンヌのレシピはこれ以前のレシピに比べると，驚くほど指示が的確である。ちなみに，ここでも市販のアーモンドパウダーを使用した。

1. アーモンドを用意し，なめらかなペースト状になるまですりつぶす。
2. アーモンドが450*g*なら，それと同量の粉砂糖と，卵白4つを加える。
3. 1と2の材料を混ぜ合わせ，バラ水を少々加え，すり鉢のなかでペースト状になるまでかき混ぜてやわらかな生地にする。
4. ペーストができたら白い紙の上に間隔をあけて小さなかたまりを並べる。かたまりはマカロンの形になるように多少長めにし，精製糖をふりかける。
5. オーブンに入れ，表面を触って固いと感じるくらいまで乾かす。オーブンの火加減は弱めだが，生地を膨らませるために炉の温度はいくらか上げるとよい。
6. マカロンは厚みがあるので，マジパンよりも多少長めにオーブンに入れておく。表面が完全に乾くか，オーブンの熱が冷めるまでマカロンはそのままにしておいてよい。ただし優秀なペストリー職人は，焦げるといけないのでマカロンをあまり長くオーブンに入れておくことはせず，完全に乾く前に取り出して，オーブンの上に置き，生地の白さを失わないよう，余熱で24時間かけてじっくりと乾燥させる。

◉トールハウス・チョコレート・クランチ・クッキー

上記「マカロン」のレシピの数世紀後には，重さよりも容積を用いるアメリカ式の計量法にヨーロッパのベーカリー職人は眉を吊り上げるものの，レシピはほとんど完璧に近くなる。

トールハウス・クッキーの開発者でチョコチップクッキーを生み出したルース・ウェイクフィールドのレシピでは，未精製の砂糖とクッキーの小ささが目を引く。1937年に発売されてからわずか数十年で，チョコチップクッキーは当初のレシピの少なくとも3倍か4倍の大きさになっている。

（100枚分）

1. バター1カップをクリーム状にし，そこに三温糖¾カップ，グラニュー糖¾カップ，全卵2個を加える。
2. 小さじ1のお湯で小さじ1の重曹を溶かしたら，小さじ1の塩と一緒に2¼カップの小麦粉とあわせ，1に少しずつ加えていく。
3. 最後に，砕いたナッツ1カップと，豆粒大にカットしたネスレの黄色いラベルのセミスイートチョコレートバー

2本（200*g*）を加える。
4. 小さじ1のバニラエッセンスで香りづけし，小さじ半分をクッキングシートに落とす。
5. 190℃のオーブンで10分から12分焼く。

現代のクッキー

◉中華風アーモンド・クッキー

グレッグ・パテント『パン屋の叙事詩——アメリカの豊かな移民の遺産にみる昔ながらのレシピを祝して *A Baker's Odyssey: Celebrating Time-honoured Recipes from America's Rich Immigrant Heritage*』（2007年）より。

（36個分）
無漂泊の中力粉…250*g*（2½カップ）
ベーキングパウダー…小さじ1½
塩…小さじ¼
ラード…225*g*（1カップ）
グラニュー糖…200*g*（4カップ）
卵（大）…1個
アーモンドオイル…小さじ2
湯通ししたアーモンド…36粒
卵（大）ひとつ分の卵白と小さじ1の水を混ぜておく（つやだし用）

1. オーブンを175℃に予熱する。クッキングシート，またはシリコン・ベーキング・マットを敷いた大きめの天板2枚を並べておく。
2. 中力粉，ベーキングパウダー，塩をボウルに入れて混ぜる。
3. 別のボウルにラードを入れ，木製のスプーンでやわらかくしたら砂糖を加え，なめらかになるまでよく混ぜる。
4. 卵とアーモンドオイルを加えてさらに混ぜる。
5. 上記の材料に少しずつ粉類を加えて生地を固くしていき，手早くこねて球状にする。生地がまとまらない場合は，水を少量ふりかけてこねる。
6. 生地を3つに分ける。粉はまぶさず，それぞれの生地を約30*cm*の円筒形にして，2.5*cm*幅に切り分けたら丸めて5*cm*間隔くらいで天板に置く。球状の生地を平らにして4*cm*ほどの丸く平たい生地にしたら，その中央に親指でへこみを作る。へこみ部分にアーモンドを載せてそっと生地に押しつける。
7. クッキーの表面に刷毛でつや出し用の卵を塗る。
8. 天板は1枚ずつ（2枚目の天板はカバーなどせず室温で保存），およそ15分，表面がきつね色に，裏が薄いこげ茶色になるまで焼く。ケーキクーラーの上でしっかり冷ます。

……………………………………………

◉基本のレープクーヘン（ドイツ）

サラ・ケリー・イアイア『祝日の焼き菓子——スイス，ドイツ，オーストリア

の伝統 *Festive Baking: Holiday Classics in the Swiss, German and Austrian Traditions*』(1988年) より。

(25～35枚分)
中力粉…350*g* (3⅓カップ)
重曹…小さじ1
シナモン…小さじ1
カルダモン粉…小さじ1
クローヴ粉…小さじ½
ターアニス粉…小さじ½
ナツメグ…小さじ½
ジンジャー…小さじ½
ハチミツ…120*ml* (½カップ) ＋小さじ2
上白糖…200*g* (1カップ)
無塩バター…124*g* (½カップ)
卵 (大) 1個を軽く溶いておく。

1. オーブンを175℃に予熱する。
2. 中力粉をクッキングシートに載せ，その他の粉類を別のシートに載せる。
3. ハチミツ，砂糖，バターをあわせて弱火で温め，バターと砂糖が溶けるまで混ぜる。その際材料を沸騰させないこと。
4. 鍋をコンロからおろし，わけておいたスパイス類を投入する。それから生地がまとまるまで，少しずつ中力粉を加えていく。混ぜる際には，鍋の側面にくっついたものもしっかり混ぜ合わせること。上記に示した分量はほとんど使い切ることになるはずだ。
5. 生地を5分ほど冷ます。鍋がまだ熱ければ，生地を取り出してボウルに移す。
6. 生地の入った鍋かボウルに溶き卵を入れ，手でこねてから，平らな場所に移して軽くこねる。生地がくっつくようなら，手につかなくなるまで中力粉を足す。生地をすぐに使わない場合は，温かいままラップで包んで室温で保存しておく。
7. 生地をひと晩寝かしたら，5ミリほどの厚みに延ばし，星やハートや三角形など簡単な形に切り分ける。
8. 溶き卵を刷毛で塗る。四隅や先端を砕いたアーモンドで飾り，砂糖漬けのサクランボを真ん中に飾る。
9. オーブンの中段で15分ほど，あるいは軽く焼き色がついて膨らむまで焼く。金属製のヘラでシートからはがし，少し硬くなるまでそのままにしておく。生地が固まったらケーキラックに載せて冷ます。密封容器に入れれば3か月は保存できる。

……………………………………………

◉グライビ (レバノン)

グレッグ・パテント『パン屋の叙事詩——アメリカの豊かな移民の遺産にみる昔ながらのレシピを祝して *A Baker's Odyssey: Celebrating Time-honoured Recipes from America's Rich Immigrant Heritage*』(2007年) より。

(30個分)

澄ましバター（またはギー）…225g（1カップ）
粉砂糖…125g＋ふりかける用
バラ水，またはオレンジ花水…小さじ1
塩…小さじ¼
無漂泊の中力粉…200g（2カップ）

1. オーブンのラックが中央にあることを確認して150℃に予熱する。天板にクッキングシートを敷いておく。
2. 澄ましバター，またはギーを中くらいのボウルに入れ，木製のスプーンでやわらかくなるまでかき混ぜる。
3. 2に砂糖を加え，なめらかなクリーム状になるまでよく混ぜたら，バラ水，またはオレンジ花水，塩を加えてさらに混ぜる。少しずつ中力粉を加え，硬く，なめらかな生地に仕上げていく。
4. スプーン1杯分の生地をすくって両手のひらの間で生地を延ばし，長さ9cmほどの先細の円筒状から，三日月形に成形する。用意しておいたシートに2.5cm間隔で生地を載せる。
5. オーブンで20分から25分ほど焼いて，内側まで完全に火を通す。その際，茶色くならないよう気をつける。
6. 焼き上がったらベーキングシートの上で5分ほど冷ましてから金属製のヘラでケーキラックに移す。この時点ではまだ壊れやすいので注意が必要。完全に冷ますこと。
7. 食べる直前に粉砂糖をふりかける。密封容器に入れ，間にワックスペーパーを敷いておけば室温で2週間ほど保存がきく。

………………………………………………

◉メロマカロナ（ギリシャ）

グレッグ・パテント『パン屋の叙事詩——アメリカの豊かな移民の遺産にみる昔ながらのレシピを祝して *A Baker's Odyssey: Celebrating Time-honoured Recipes from America's Rich Immigrant Heritage*』（2007年）より。

（30個分）
［生地］
無漂泊の中力粉…225g（2カップ）＋こねる用に150g（1¼カップ）
ベーキングパウダー…小さじ2
塩…小さじ¼
グラニュー糖…75g（⅓カップ）
すりおろしオレンジの皮…1個分
搾りたてのオレンジジュース…175ml（¾カップ）
ブランデー…75ml（⅓カップ）
セモリナ粉…175g（1カップ）
シナモンパウダー…小さじ1½
オールスパイスパウダー…小さじ½
クローヴパウダー…小さじ¾
ウォールナッツ…100g（¾カップ）
［シロップ］
ハチミツ…175ml（¾カップ）
グラニュー糖…150g（¾カップ）
水…300ml（1¼カップ）
砕いたウォールナッツ…25g（¼カッ

プ)

1. まずは生地作り。中くらいのボウルに225gの中力粉，ベーキングパウダー，塩を入れて混ぜる。
2. 大きなボウルでオリーブオイルと砂糖をよく混ぜ合わせたら，オレンジの皮，オレンジジュース，ブランデーを加える。
3. 1の中力粉を2のなかに少しずつ入れていき，なめらかになるまでかき混ぜる。木製のスプーンでセモリナ粉，スパイス類，ウォールナッツを加える。生地はかなりやわらかく，オイリーで湿った状態にしておく。
4. 作業台に60g（½カップ）の中力粉をまぶし，その上に生地を載せる。さらに60gの中力粉を用意し，生地にふりかけながら完全に混ぜ込んでいく。生地がまだべとつくようなら，少し油分が残る程度にやわらかくなめらかな生地になって，くっつかなくなるまで，少しずつ中力粉を加えていく。手触りとしてはやわらかいパン生地に近い。湿度によって½カップの中力粉全部に加えてもう30g（¼カップ），あるいはそれ以上の中力粉が必要になるかもしれない。分量の加減がわからない場合は，少なめにしておくこと。生地を密封できるプラスチックの袋に入れるか，ラップで包み，常温で30分寝かせる。
5. オーブンラックをふたつ使って庫内を3つに分けて，175℃に予熱しておく。シリコン・ベーキング・マットかクッキングシートを敷いた天板をふたつ並べ，小さなバットを用意する。
6. 生地を作業台に置き，13*cm*×23*cm*くらいの長方形にする。生地に30等分の線を引き，ナイフで切り分ける。切り分けた生地を手のひらでこねて5*cm*大の楕円形にし，5センチ間隔でシートの上に載せる。天板ひとつにつき15個。
7. 30分ほど焼く。目安はクッキーが黄金色になり，乾いた表面を押すと弾力で戻ってくるくらい。均等に火が入るよう，ふたつの天板の位置や向きを変えること。
8. クッキーを焼いているあいだにシロップを用意する。ハチミツ，砂糖，水を中くらいのソースパンに入れ，ときどきかき混ぜながら中火で沸騰させる。沸騰したら弱火にし，10分ほど煮込んでから火を止める。
9. クッキーが焼き上がったら，多少間隔をあけながら金属製のヘラですぐにバットへ移し，熱々のシロップをできたてクッキーの上からかけて15分待つ。
10. 慎重にクッキーをひっくり返し，シロップが完全に染みこむまで15分ほど待つ。ふたたびクッキーを表向きに戻し，ウォールナッツをふりかける。まだバットにシロップが残っているようなら，クッキーを別のバットに移しかえる。
11. 出来上がったクッキーをワックスペーパーで軽く覆い，常温で一晩寝か

せる。密封できる容器に入れておけば
2週間ほど保存できる。

注

序章　主役でも主食でもなく

1　'Captain Scott Letter, 1911', www.huntleyandpalmers.org.uk, 2018年11月6日アクセス。

2　Alan Davidson, *The Oxford Companion to Food* (Oxford, 2014), p. 82.

第1章　生存と祭礼——紀元前5世紀〜1485年

1　古代世界のビスケット，とくにパキシマディアを理解するのにアンドリュー・ドルビーの秀逸な書籍 *Food in the Ancient World from A to Z* (London, 2003) が非常に参考になった。

2　同上。

3　Christopher Grocock and Sally Grainger, *Apicius* (Totnes, 2016), p. 253.

4　ウエハースの歴史の大半はジャニー・デ・ムーアのすばらしい知識を参考にした。Janny de Moor, 'The Wafer and its Roots', in *Look and Feel, Oxford Symposium on Food and Cookery 1993*, ed. Harlan Walker (Totnes, 1994)

5　Constance B. Hieatt and Sharon Butler, eds, *Curye on Inglysch: English Culinary Manuscripts of the Fourteenth Century (including the 'Forme of Curye')* (Oxford, 1985), pp. 2-3.

6　Eileen Power, *The Goodman of Paris (Le Ménagier de Paris): A Treatise on Moral and Domestic Economy by a Citizen of Paris, c. 1393* (London, 1992), p. 157.

7　ドイツのベーキングのセクションではサラ・ケリー・イアイアの造詣の深さにお世話になった。Sarah Kelly Iaia, *Festive Baking: Holiday Classics in the Swiss, German, and Austrian Traditions* (New York, 1988).

8　Malcolm Jones, *The Secret Middle Ages* (Stroud, 2002), pp. 1-12.

9　Charles Perry, *A Baghdad Cookery Book*, Petit Propos Culinaires 79 (Totnes, 2005), p. 102.

第2章　甘さと軽さ——1485〜1800年

1　Sidney W. Mintz, *Sweetness and Power: The Place of Sugar in Modern History* (New York, 1985), p. 88.［シドニー・W・ミンツ『甘さと権力——砂糖が語る近代史』川北稔・和田光弘訳／平凡社／1998年］

2 Barbara Ketcham Wheaton in *Savouring the Past: The French Kitchen and Table from 1300 to 1789* (London, 1983), p. 178. をもとに翻訳。フランス語のオリジナルレシピはニコラ・ド・ボンヌフォンの *Les Delices de la campagne* (Paris, 1679), pp. 18-19.
3 Philip Hyman and Mary Hyman, *Food: A Culinary History from Antiquity to the Present* (New York, 1999), p. 307.
4 Terence Scully, *La Varenne's Cookery: A Modern English Translation and Commentary* (Totnes, 2006), pp. 117-18.
5 Robert May, *The Accomplisht Cook, Or the Art and Mystery of Cookery* (London, 1685), p. 276.
6 François Massialot, *The Court and Country Cook*, trans. from the French by 'J.K.' (London, 1702), p. 93.
7 Rebecca Price, *The Compleat Cook, or Secrets of a Seventeenth-century Housewife*, compiled and introduced by Madeleine Masson (London, 1974), p. 256.
8 Peter Rose, *Matters of Taste: Dutch Recipes with an American Connection* (Albany, NY, 2002), p. 19.
9 Donna Barnes and Peter Rose, *Matters of Taste: Food and Drink in Seventeenth-century Dutch Art and Life* (Albany, NY, 2002), pp. 36-7.
10 Gaitri Pagrach-Chandra, *Windmills in my Oven: A Book of Dutch Baking* (Totnes, 2002), p. 119.
11 同上。
12 同上，111ページ。
13 Rose, *Matters of Taste: Dutch Recipes*, p. 27.
14 Andrew Beahrs, 'Birth of an American Cookie', www.huffingtonpost.com, 2010年11月30日，アップデート2011年5月25日。

第3章　黄金期――19世紀

1 *Morning Star*, 1860年9月26日水曜日。
2 T.A.B. Corley, 'Nutrition, Technology, and the Growth of the British Biscuit Industry, 1820-1900', in *The Making of the Modern British Diet*, ed. Derek J. Oddy and Derek S. Miller (London, 1976), p. 22.
3 ハントレー＆パーマーズ社の歴史についてはT.A.Bコーリーの *Quaker Enterprise in Biscuits: Huntley and Palmers of Reading, 1822-1972* (London, 1972)を大いに参照させてもらった。

4　*Morning Star*, 1860年9月26日水曜日。

5　William Cahn, *Out of the Cracker Barrel: The Nabisco Story from Animal Crackers to Zu-zus* (New York, 1969), p. 27.

6　同上，31ページ。

7　同上，73ページ。

第4章　国境を越えて——20世紀

1　www.merriam-webster.com/dictionary/foodways, 2018年10月25日アクセス。

第5章　神話と変容——21世紀

1　Pierre Hermé, www.pierreherme.com.

2　'Nicey' and 'Wifey', *Nice Cup of Tea and a Sit Down* (London, 2007), pp. 84-6.［スチュアート・ペイン『英国流ビスケット図鑑——おともに紅茶を』ハーディング祥子監訳／小栗他訳／バベルプレス／2008年］

アナスタシア・エドワーズ（Anastasia Edwards）
ライター，食物史家。サイゴン（ベトナム）にまつわるアンソロジー『*Saigon: Mistress of the Mekong*（サイゴン――ミストレス・オブ・ザ・メコン）』の編者。ロンドン在住。ライター，ジャーナリスト，写真家，講師などで構成され，ワインやスピリッツを通じて交流する「サークル・オブ・ワイン・ライターズ（Circle of Wine Writers）」会員。BBCのラジオ番組に出演するなど，活躍は多岐にわたる。

片桐恵理子（かたぎり・えりこ）
翻訳家。愛知県立大学日本文化学科卒。カナダで6年，オーストラリアで1年の海外生活を経て翻訳の道へ。訳書に，グラント〈GONE/ゴーン〉シリーズ（ハーパーコリンズ・ジャパン），サットン『チーム内の低劣人間をデリートせよ』（パンローリング）などがある。

お菓子《かし》の図書館《としょかん》

ビスケットとクッキーの歴史《れきし》物語《ものがたり》

●

2019 年 *12* 月 *20* 日　第 *1* 刷

著者……………アナスタシア・エドワーズ
訳者……………片桐《かたぎり》恵理子《えりこ》
装幀……………佐々木正見
発行者……………成瀬雅人
発行所……………株式会社原書房

〒 160-0022 東京都新宿区新宿 1-25-13
電話・代表 03(3354)0685
振替・00150-6-151594
http://www.harashobo.co.jp

印刷……………新灯印刷株式会社
製本……………東京美術紙工協業組合

ISBN 978-4-562-05659-0, Printed in Japan

ケーキの歴史物語《お菓子の図書館》

ニコラ・ハンブル／堤理華訳

ケーキって一体なに？ いつ頃どこで生まれた？ フランスは豪華でイギリスは地味なのはなぜ？ 始まり、作り方と食べ方の変遷、文化や社会との意外な関係など、実は奥深いケーキの歴史を楽しく説き明かす。 2000円

アイスクリームの歴史物語《お菓子の図書館》

ローラ・ワイス／竹田円訳

アイスクリームの歴史は、多くの努力といくつかの素敵な偶然で出来ている。「超ぜいたく品」から大量消費社会に至るまで、コーンの誕生と影響力など、誰も知らないトリビアが盛りだくさんの楽しい本。 2000円

チョコレートの歴史物語《お菓子の図書館》

サラ・モス、アレクサンダー・バデノック／堤理華訳

マヤ、アステカなどのメソアメリカで「神への捧げ物」だったカカオが、世界中を魅了するチョコレートになるまでの激動の歴史。原産地搾取という「負」の歴史、企業のイメージ戦略などについても言及。 2000円

パイの歴史物語《お菓子の図書館》

ジャネット・クラークソン／竹田円訳

サクサクのパイは、昔は中身を保存・運搬するただの入れ物だった!? 中身を真空パックする実用料理だったパイが、芸術的なまでに進化する驚きの歴史。パイにこめられた庶民の知恵と工夫をお読みあれ。 2000円

パンケーキの歴史物語《お菓子の図書館》

ケン・アルバーラ／関根光宏訳

甘くてしょっぱくて、素朴でゴージャス――変幻自在なパンケーキの意外に奥深い歴史。あっと驚く作り方・食べ方から、社会や文化、芸術との関係まで、パンケーキの楽しいエピソードが満載。レシピ付。 2000円

（価格は税別）

パンの歴史《「食」の図書館》
ウィリアム・ルーベル／堤理華訳

変幻自在のパンの中には、よりよい食と暮らしを追い求めてきた人類の歴史がつまっている。多くのカラー図版とともに読み解く人とパンの6千年の物語。世界中のパンで作るレシピ付。

2000円

カレーの歴史《「食」の図書館》
コリーン・テイラー・セン／竹田円訳

「グローバル」という形容詞がふさわしいカレー。インド、イギリス、ヨーロッパ、南北アメリカ、アフリカ、アジア、日本など、世界中のカレーの歴史について豊富なカラー図版とともに楽しく読み解く。

2000円

キノコの歴史《「食」の図書館》
シンシア・D・バーテルセン／関根光宏訳

「神の食べもの」か「悪魔の食べもの」か？　キノコ自体の平易な解説はもちろん、採集・食べ方・保存、毒殺と中毒、宗教と幻覚、現代のキノコ産業についてまで述べた、キノコと人間の文化の歴史。

2000円

お茶の歴史《「食」の図書館》
ヘレン・サベリ／竹田円訳

中国、イギリス、インドの緑茶や紅茶のみならず、中央アジア、ロシア、トルコ、アフリカまで言及した、まさに「お茶の世界史」。日本茶、プラントハンター、ティーバッグ誕生秘話など、楽しい話題満載。

2000円

スパイスの歴史《「食」の図書館》
フレッド・ツァラ／竹田円訳

シナモン、コショウ、トウガラシなど5つの最重要スパイスに注目し、古代～大航海時代～現代まで、食はもちろん経済、戦争、科学など、世界を動かす原動力としてのスパイスのドラマチックな歴史を描く。

2000円

（価格は税別）

鮭の歴史　《「食」の図書館》
ニコラース・ミンク／大間知知子訳

人間がいかに鮭を獲り、食べ、保存（塩漬け、燻製、缶詰ほか）してきたかを描く、鮭の食文化史。アイヌを含む日本の事例も詳しく記述。意外に短い生鮭の歴史、遺伝子組み換え鮭など最新の動向もつたえる。　２０００円

レモンの歴史　《「食」の図書館》
トビー・ゾンネマン／高尾菜つこ訳

しぼって、切って、漬けておいしく、油としても使えるレモンの歴史。信仰や儀式との関係、メディチ家の重要な役割、重病の特効薬など、アラブ人が世界に伝えた果物には驚きのエピソードがいっぱい！　２０００円

牛肉の歴史　《「食」の図書館》
ローナ・ピアッティ＝ファーネル／富永佐知子訳

人間が大昔から利用し、食べ、尊敬してきた牛。世界の牛肉利用の歴史、調理法、牛肉と文化の関係等、多角的に描く。成育における問題等にもふれ、「生き物を食べること」の意味を考える。　２０００円

ハーブの歴史　《「食」の図書館》
ゲイリー・アレン／竹田円訳

ハーブとは一体なんだろう？　スパイスとの関係は？それとも毒？　答えの数だけある人間とハーブの物語の数々を紹介。人間の食と医、民族の移動、戦争…ハーブには驚きのエピソードがいっぱい。　２０００円

コメの歴史　《「食」の図書館》
レニー・マートン／龍和子訳

アジアと西アフリカで生まれたコメは、いかに世界中へ広がっていったのか。伝播と食べ方の歴史、日本の寿司や酒をはじめとする各地の料理、コメと芸術、コメと祭礼など、コメのすべてをグローバルに描く。　２０００円

（価格は税別）

リンゴの歴史《「食」の図書館》
エリカ・ジャニク著　甲斐理恵子訳

エデンの園、白雪姫、重力の発見、パソコン…人類最初の栽培果樹であり、人間の想像力の源でもあるリンゴの驚きの歴史。原産地と栽培、神話と伝承、リンゴ酒（シードル）、大量生産の功と罪などを解説。　２０００円

ワインの歴史《「食」の図書館》
マルク・ミロン著　竹田円訳

なぜワインは世界中で飲まれるようになったのか？　8千年前のコーカサス地方の酒がたどった複雑で謎めいた歴史を豊富な逸話と共に語る。ヨーロッパからインド／中国まで、世界中のワインの話題を満載。　２０００円

モツの歴史《「食」の図書館》
ニーナ・エドワーズ著　露久保由美子訳

古今東西、人間はモツ（臓物以外も含む）をどのように食べ、位置づけてきたのか。宗教との深い関係、高級食材でもあり貧者の食べ物でもあるという二面性、食料以外の用途など、幅広い話題を取りあげる。　２０００円

砂糖の歴史《「食」の図書館》
アンドルー・F・スミス著　手嶋由美子訳

紀元前八千年に誕生したものの、多くの人が口にするようになったのはこの数百年にすぎない砂糖。急速な普及の背景にある植民地政策や奴隷制度等の負の歴史もふまえ、人類を魅了してきた砂糖の歴史を描く。　２０００円

オリーブの歴史《「食」の図書館》
ファブリーツィア・ランツァ著　伊藤綺訳

文明の曙の時代から栽培され、多くの伝説・宗教で重要な役割を担ってきたオリーブ。神話や文化との深い関係、栽培・搾油・保存の歴史、新大陸への伝播等を概観、また地中海式ダイエットについてもふれる。　２２００円

（価格は税別）

脂肪の歴史　《「食」の図書館》

ミシェル・フィリポフ著　服部千佳子訳

絶対に必要だが嫌われ者…脂肪。油、バター、ラードほか、おいしさの要であるだけでなく、豊かさ（同時に「退廃」）の象徴でもある脂肪の驚きの歴史。良い脂肪／悪い脂肪論や代替品の歴史にもふれる。　２２００円

バナナの歴史　《「食」の図書館》

ローナ・ピアッティ＝ファーネル著　大山晶訳

誰もが好きなバナナの歴史は、意外にも波瀾万丈。栽培の始まりから神話や聖書との関係、非情なプランテーション経営、「バナナ大虐殺事件」に至るまで、さまざまな視点でたどる。世界のバナナ料理も紹介。　２２００円

サラダの歴史　《「食」の図書館》

ジュディス・ウェインラウブ著　田口未和訳

緑の葉野菜に塩味のディップ…古代のシンプルなサラダがヨーロッパから世界に伝わるにつれ、風土や文化に合わせて多彩なレシピを生み出していく。前菜から今ではメイン料理にもなったサラダの驚きの歴史。　２２００円

パスタと麵の歴史　《「食」の図書館》

カンタ・シェルク著　龍和子訳

イタリアの伝統的パスタについてはもちろん、悠久の歴史を誇る中国の麵、アメリカのパスタ事情、アジアや中東の麵料理、日本のそば／うどん／即席麵など、世界中のパスタと麵の進化を追う。　２２００円

タマネギとニンニクの歴史　《「食」の図書館》

マーサ・ジェイ著　服部千佳子訳

主役ではないが絶対に欠かせず、吸血鬼を撃退し血液と心臓に良い。古代メソポタミアの昔から続く、タマネギやニンニクなどのアリウム属と人間の深い関係を描く。暮らし、交易、医療…意外な逸話を満載。　２２００円

（価格は税別）

トリュフの歴史《「食」の図書館》

ザッカリー・ノワク著　富原まさ江訳

かつて「蛮族の食べ物」とされたグロテスクなキノコはいかにグルメ垂涎の的となったのか。文化・歴史・科学等の幅広い観点からトリュフの謎に迫る。フランス・イタリア以外の世界のトリュフも取り上げる。２２００円

ブランデーの歴史《「食」の図書館》

ベッキー・スー・エプスタイン著　大間知知子訳

「ストレートで飲む高級酒」が「最新流行のカクテルベース」に変身…再び脚光を浴びるブランデーの歴史。蒸溜と錬金術、三大ブランデーの歴史、ヒップホップとの関係、世界のブランデー事情等、話題満載。２２００円

ハチミツの歴史《「食」の図書館》

ルーシー・Ｍ・ロング著　大山晶訳

現代人にとっては甘味料だが、ハチミツは古来神々の食べ物であり、薬、保存料、武器でさえあった。ミツバチと養蜂、食べ方・飲み方の歴史から、政治、経済、文化との関係まで、ハチミツと人間との歴史。２２００円

海藻の歴史《「食」の図書館》

カオリ・オコナー著　龍和子訳

欧米では長く日の当たらない存在だったが、スーパーフードとしていま世界中から注目される海藻…世界各地のすぐれた海藻料理、海藻食文化の豊かな歴史をたどる。日本の海藻については一章をさいて詳述。２２００円

ニシンの歴史《「食」の図書館》

キャシー・ハント著　龍和子訳

戦争の原因や国際的経済同盟形成のきっかけとなるなど、世界の歴史で重要な役割を果たしてきたニシン。食、環境、政治経済…人間とニシンの関係を多面的に考察。日本のニシン、世界各地のニシン料理も詳述。２２００円

（価格は税別）